作文課後（續篇）

不用補習，一樣寫出好作文

每個人都曾上過作文課，當你拿到老師批閱後的作文，有沒有不知如何著手改進的經驗？

這是一本特別的作文書，**揭開**鮮為人知的**作文課後現場**，指出**實際學生作文問題**，並佐以**改寫範文對照**，讓你知**其然更知其所以然**，**瞬間提升你的作文力**！

寫作很難嗎？由作文名師親自指導。
適用於會考、學測、指考、國家考試等測驗。
找出寫作的迷思、常犯的錯誤等，讓你**親臨作文課後現場**，
閱讀老師紅筆圈評及改寫後的範文，有助提升你的寫作功力。

施翔程——著

推薦序

令人激賞的作文批改範本

曾勘仁

國文的重要不言可喻，它是學習其他學科的工具，更是一生中與人溝通以及事業發展不可或缺的能力。可惜不少年輕學子並不重視它，國文程度普遍低落。雖然國語是我們的母語，從小在國語文的環境中成長，但因不用心學習，閱讀量又少，結果只能講粗淺的話語，無法使用優美的文字。近年來流行手機、電腦後，國文程度更是每況愈下，所寫的文章錯字百出，詞不達意。報考醫學系的學生，無論生物、化學、數學和英文都可得高分，卻往往輸在國文，作文的成績更是成敗的關鍵。

中國文字的美與其運用的奧妙，是世界上其他文字無法比擬的。經過五千多年的淬煉，從文言文到白話文，已經把文字的意境發揮到淋漓盡致。所以，想學好國文需要下點工夫，想教導國文更不是一件簡單容易的事。

早期國文科上課時數比其他科目多，每週上課五節，後來因課程排擠改為四節，今年實施十二年國教後，課程總綱又把國文減少一節。國文時數一減再減，學生程度更難提升。李家同教授也憂心基礎學科減少將導致學生素質更低落。

教國文最辛苦的工作是指導學生習作。以前大約每兩周抽出一節至二節國文課練習寫一篇作文，平均每學期約寫七至八篇作文。為了彌補批改作文的付出，國文科每週的教學時數比其他科目少二節，但老師仍然覺得批改作文的負擔太重，復因國文科時數減少，於是在教學研究會上決定每學期只寫五篇或四篇，甚至只寫三篇或二篇。前幾年國中基測取消作文時，就有不少國中不再要求寫作文，隔幾年後覺得事態嚴重，國中基測才又重考作文，剛恢復時作文仍不敢計分。

每位老師批改作文的方式差異很大，用心的老師有時改一份作文需要二十分鐘至半小時，經常做到精疲力盡，還會再要求學生多寫幾篇額外指定的作業，例如讀書心得或專訪。他們不但指導如何寫作，還會提出一些資料供學生參考，並要求學生把批改後的文章予以檢討改進。另外有些老師只負責想個題目，把題目寫在黑板上，就由學生自己去發揮或回家寫作，批改作文只是打個分數，加個評語，找出幾個錯字，圈出幾個好詞，並註明日期，就算了事。學生如想寫出好文章要靠自己摸索，或到外面找補習。

施翔程老師是一位非常用心的老師，他是那種為了達成自己追求的教育理想，希望真正把學生帶上來，而不辭辛勞不計代價，在課後加班又加班批改學生的習作的人。強烈的使命感驅策他更進一步把長年批閱學生習作的心血結晶彙集成刊，作為指導學生習作的參考教材，於是計劃出版一些習作範文幫助學子。第一本書《用心智圖寫作文》已經出版，它對學子下筆前的思路與詞彙頗多助益。

另兩本書《作文課後——這樣寫會更好》、《作文課後（續篇）——不用補習，一樣寫出好作文》，可說是學生習作易犯錯誤的資料庫。施老師將批改習作時常見的問題，挑選部分作品，依原文、解說、改寫三個層次，拆分為八大主題。施老師以拋磚引玉、虛心求教的態度出版此書，令人敬佩。被施老師教到的學生，何其有幸！其他的學生有了此二書之後，不必找補習，作文也可以精進了。

（本文作者曾任國立彰化高中校長）

推薦序　半線育才，南風振鐸

沈政傑

一想到作文，我想多數的國文老師都不免想起作業檢查前，夜夜挑燈苦思的夜晚。曾有別科同事問過我，批改一本作文需要多少時間？我當時的回答是「三分鐘到卅分鐘都有可能。」看著同事疑惑的眼神，我知道那是只有國文老師才聽得懂的梗。

因為學生在課堂上苦思五十分鐘後，便是國文老師斟酌評語的磨難。有的老師字斟句酌、眉批夾注，抱著救民於水火中的抱負；亦有些老師基於朽木難雕的無奈，只好以簡單的「八字箴言、四字概述」做為點評，此間差異者，便是三與卅的分別。猶記當時的校長，不僅是國文出身，還兼任國文輔導團的召集人，於是在本校如果採用三分鐘改法，在作業檢查時，輕者遭到退回，重者還得進校長室喝杯咖啡。理由很簡單，校長認為老師在批閱時的建言，是為了點出學生的盲點。唯有藉由夾注、眉批、總括……等意見，對孩子進行多層次的指導，才能自我精進。所以當我看到翔程此書時，不禁擊節稱嘆，這不就是校長眼中的模範示例嗎！精要的直指問題核心提出建議，方能期待孩子在教師聚焦式的評議中，針對不足予以改正、成長。

在此其間，當然也有同仁抱怨孩子始終「執迷不悟、一錯再錯」，那麼老師嘔心瀝血的批閱又有何效果？的確在每次的批閱中，經常見到孩子富含「笑點」的行文。字體有誤、文句不通、成語誤用……似乎成了共通問題。使得在教育現場中，此類的牢騷經常得到教學者的共鳴，慢慢變成一種似是而非的觀點。直到我在幾次研習中，看到試務中心提供的樣卷，我才發現那些讓人很想笑的文章，開始令人感到心酸。我們的孩子在九年、十二年的語文訓練後，竟然連書寫一篇表情達意的短文都顯得困難，那麼教學者又如何去論述自己的教學成效呢？自此，我開始揚棄那些埋怨，況且埋怨無助我的教學。仔細想想，翔程的用意應也是如此。如果出書是為了賺錢，那麼大可走上坊間寫作指導路線，何必細細剖析諸篇疑難。與其每次都要忍受孩子拙劣的文字，不如一點一滴引導他書寫，那麼才不愧對彼此。

此書是翔程最新的作文兩本專書之一，跳出前著以「心智圖」為主軸的路線，此次他回歸到教學者本身，提醒教學者如何去審視文章本身的缺失。本書猶如學生的問題大全，將許多發生在各國文老師的課堂裡狀況一一羅列。透過本書不僅可讓孩子知道問題所在，也可以由修改的範本，了解兩者的歧異，可說是批閱者的工具書。教學時間或許永遠不夠，但教學的效率卻可藉此提升。假如每位教學者都能像翔程如此分析學生的不足而予以提示，又何必擔心我們的孩子是否能走出「一錯再錯」的困境呢？

（本文作者現為雲林縣輔導團輔導員、土庫國中教師）

推薦序　青春的印記

官廷森

「何謂夢魘？」相信絕大多數的國文老師會回答——作文，尤其是當你於課堂間要求學生練習，學生反向你追討上篇甚至上上篇作文時。一位同事曾在辦公室閒聊，某回深夜他於燈下批閱作文，連續五小時，改到眼冒金星、精疲力竭，就在他準備將最後一疊作文挪到案前時，竟赫然發現那疊是他先前早已改過的了，當下他興奮地跳了起來，直呼那是他最「快哉」的經歷。這種喜悅，僅有國文老師才能體會。

然而，必定也有那樣一個時刻，我們因為孩子動人的作品而悸動、雀躍、擊節，甚至想給他個擁抱，然後豎起大拇指，驕傲地告訴他：「好樣的，你真棒！」作文，不像選擇題，永遠有標準答案；四十個孩子，便有四十種姿態，每個孩子皆以獨特的方式呈現自我生命片段，而我們便是那第一甚至是唯一的欣賞者。此般福氣，亦惟獨國文老師方得領受。

作文課一直是最富挑戰卻也是最為迷人的教學環節。為了將作文課經營得更加多采，我研讀了不下百本的作文書籍，希冀汲取先輩經驗以精進學能，積累多時，腦海也逐漸勾畫出作文教學的藍圖，不過總覺陳義過高，沒有實踐的可能。

去年暮春時節，赴高雄分享教學經驗，席間有位年輕男老師，臉龐漾著微笑，神情專注。他，就是翔程老師。

當日翔程老師即透過臉書與我互動，謙恭地向我請教了幾個作文教學相關問題，我當下盡我所能知無不言地回覆；後來得知翔程老師的專業背景及經歷後，一種魯班門前弄大斧的尷尬與羞慚油然而生。然而，翔程老師非但不以為意，反而大方分享其授課講義，令我感動不已。日前，接獲翔程老師寄來的新書初稿，細細品讀後，既驚喜又震撼，讓我明白腦海那張藍圖確有搭建的可能。

《作文課後》二書，按寫作架構與元素，臚列兩百餘條學子常犯誤謬，悉心剖析，質量兼備，儼然是一部作文百科寶典，不但適合學子閱讀，對教師亦深具啓發。更教人激賞的是，原文與改寫的兩相對照，此亦是翔程老師一貫的作文教學法；透過翔程老師溫潤才筆的點化，孩子璞玉般的文字被雕塑成瑰寶，粲然可觀。詳盡具體的說明，輔以雋永耐嚼的範文，是我認為最具成效的作文教學法。雖與翔程老師僅有一面之緣，但他對教學的豐沛熱情深深感染了我。

然而，最令我動容的是，翔程老師藉由一篇篇的評閱，攫住師生聚首的剎那，在歲月扉頁上拓下青春的印記，不僅是孩子的，亦是翔程老師的。作文，從來都不僅是作文而已。師生生命的彼此輝映，才是文章寫作與批改過程中最珍貴的部份。

下回與翔程老師相遇，我一定要好好拍拍他的肩膀，甚至給他個擁抱，然後豎起大拇指，驕傲地告訴他：「好樣的，你真棒！」

（本文作者現為新北市板橋高中教師）

推薦序　覓得寫作桃花源

謝素燕

三國時代，名醫董奉有座杏花林，春夏風清，朵朵馨香逸遠的杏花，是董奉悲心善念的化身；清朝盛世，文人袁枚築室隨園，名流雅集，才士文會，在宴飲酬唱聲中，詩心興感著錦文。忝列教席，悠悠三十載，亦常思索：是否也有一座寫作的錦繡園林，能讓莘莘學子春風沐潤，自在悠游，毋須於寫作課堂上，搜索枯腸，無從下筆；苦尋靈感，難於達意。於是利用餘暇，蒐羅汲閱諸家寫作指導用書，雖各有立論，互顯華彩，但鮮有綜融學理，徵引實例，妙用策略的薈萃新作。於茲，有幸拜讀本校施翊程老師大作——《作文課後——這樣寫會更好》與《作文課後（續篇）——不用補習，一樣寫出好作文》二書，喜見其體例備全詳密，先以審題立意、謀篇佈局、修辭敘事為章節，再依序對舉學生習作常犯的缺失樣態。更激賞其內容創新實用，能以揭櫫學生缺失樣態為細目，逐項載列學生習作原文，加上教師評閱解釋與修改建議，並據之逐篇改寫，提供學生觀摩習範，可謂：言缺失，直指其癥結；提策略，立顯其宏用。尤令人讚譽者，乃是翊程老師才情高茂，文筆卓秀，於書中為學生逐篇改寫之範文，抒情溫婉清新、論理圓和闊深、敘事曉暢明達；本書不僅是創新實用的寫作寶典，更是情采逸揚的美文專輯。

至幸有緣能與才俊良師共事相長，深知翊程老師宛如精勤的工程師，一磚一石為學生紮下深厚的寫作根基；翊程老師更猶如春風時雨，一點一滴地滋長化育文學的青苗，才華洋溢著新章，創新發想樂分享的敬業精神，更為新莊團隊的作文教學注入一股新活水。欣聞他將用心於教學的精華結集成書，讚佩衷忱，筆墨難盡，謹撰聯語，申表賀意：

翔鵬慧眼　古今宏觀萬里程
新法靈心　文林斐聲千家莊

衷心盼待新書付梓刊行，深信只要賞閱細覽本書，必能走進翔程老師睿智靈心，「剎那逢遇」定能「永恆優游」，語文創作從此將不再是荒原礫地；因為，這裡有鮮美芳草任品賞，這裡有縱橫阡陌可徜徉。這裡：正是落英繽紛的寫作新桃源。

（本文作者現為高雄市新莊高中教師）

推薦序　探驪得珠的築夢之旅

歐陽宜璋

翔程老師的作文心語，對青年學子而言，是一本深入淺出的切要指南；對於一般讀者如我而言，則是一段探索文心的歷程；而對常常批改作文的國文教師而言，則重溫了字斟句酌的費心叮嚀。

相較於一般的作文範本或魔法書，翔程老師的引導既有概念，又具體紮實。它站在學生作文的平行線，一步一步帶領迷津中的學子，並親自提要示範，具體而適切的把自己的專業，化為同理心的逆向思考。兼顧了主題意象與文字的經營，讓學生從自我作品的句構中，點鐵成金，觸處生輝。

打開這一本書，不但能得到章法布局的要旨，更能見微知著，站在巨人的肩膀上，挹注靈思與文采。相信本書的問世，能加惠中文及華語世界的閱讀者、創作者及應試者，串連文字與心靈的光明大道。

（本文作者現為北一女中教師、臺大中文系兼任助理教授）

作者序　剎那有時，永恆有時

施翔程

絕藝的湮滅

揮別私校，徙居港都執教，已屆兩年，雖說離鄉背井不免有漂泊之慨，但友善有序的教學環境，卻讓自己的靈魂得獲安穩，不曾懊怒倦困。且不管教學的場域險惡如荒漠，沁涼似綠洲，我身邊始終不乏勤於澆灌桃李的教育夥伴，用著一管管的紅色墨筆，為孩子順理文句。三年一輪的送往迎來，不斷將荒蕪的文心展拓出盎然生機。

看似輕描淡寫的批閱，其實極耗心力，摘拈佳句的慧眼，針砭弊處的手勁，皆賴教師多年經驗的積累。但一篇篇滿載祕訣神功的稿紙，往往在孩子覽觀後便滅跡了，我殊覺可惜，若能妥善珍藏，定能蘊積成一座寶礦，輝照為文字所苦的學子。

那時我便開始思考，這些乍現的靈思，私房的絕藝，要如何賦予它們更恆長的生命？

相遇的鈐印

後來才明白，人力微薄，很多時候我們是身不由己的。時光沛然難禦的力量，不停篡改著原本認知的歷史與記憶。情隨事遷，感慨係之，俯仰之間，已為陳跡。彷彿任何物事，都無能抵抗這個世界的驟變與移化。

直到我想起子曰，想起紅樓，想起倉頡文，想起太白詩。這些文明的留痕，一直強烈而鮮明的，烙印在我們的靈魂中。或許，「立言」會是一份值得信靠的依憑，讓曾經發生過的緣會，得以不朽。

於是我以第一本書，記錄了與兩位國中男孩的相遇；再用此書收藏著兩班高中少年，灼燦如南國陽光的青春面容。

年過而立，我常抱憾自己未將在學時期的作文本妥善保留，那些拙滯青澀的文字，隨著成長而湮散，卻曾是我寫作的源流，今日即使想千金換一字，亦不可得。因此，在撰述本書時，我刻意在行頁間為每一個學生都挪出位置，收藏著他們文章的身世。當他們穿行江湖夜雨，世事滄桑後，於書肆重拾這些熟悉的文句，會不會在心底浮現今日桃李春風的歡聚？

青青子衿，悠悠我心，這些姓名也將成為我教學行旅中的鈐印，彷如臉書打卡後的地標，那樣鮮紅而準確地標舉出我們相遇的緣起。

醞釀與綻放

在孩子初升高三後，在他們鴻飛西東前，我試圖追索永恆的美好，開始了每週的作文練寫與批改。先以紅筆在卷上評分、略改，然後挑選一些值得共評的作品，依原文、解釋、改寫三個步驟，鍵打成講義，半年來累積了幾近十五萬字的篇幅。後半年，則將兩百餘個寫作的弊病，重新編排，先擷取與文章架構相關的：題目、首段、結尾、段落、篇章五個主題出版，其後再規劃與文字書寫相關的：詞句、修辭、敘事等主題以饗學子。這樣龐鉅的工程，曾讓我的手腕痠痛難當，若這是將剎那化作永恆的必然，我只能甘願領受。

在書寫過程中，感謝五南出版社的賞識，願意協助本書付梓，並應允我略顯奢侈的要求，盡可能讓它隨著六月鳳凰花開時，一同在孩子的掌間綻放。同時，也感謝所有賜序的諸位教育前輩，願在掌鐸之餘，為本書的初誕給予祝福，我不勝感激。

作文的航道

行遊國文教學的淵海，悄逾七年。我不是善言的嚮導，無法在眾人面前闊談其中精微，我僅是一位舟子，始終緊握槳舵，安靜地在作文的航道間擺渡，為一些願意前來親近的孩子，引渡到他們渴望的彼岸。

每一次的發想與著作，亦如行舟的啓程與返航，懷抱夢想而去，滿載經驗而歸。三年前出版《用心智圖寫作文》，是我準備建構寫作範本的起步，提供並引導學子下筆前的詞彙、思路與文本。《作文課後二書，則意欲架設出一座寫作易犯錯誤的資料庫，用具體的對照改寫，來協助學子印證抽象的評語和針砭。

何謂前後呼應？何謂實題虛寫？何謂離題與偏題？何謂冗贅與膚淺？在本書皆能找到詳盡的探討與分析。

拋出此磚，是為了引出更珍美的寶玉。若您覺得解說得過於主觀或偏頗，請不吝指正；若您覺得哪個篇章寫得切中肯綮，也請給予回應與鼓勵；更重要的是，不論您是教學先進與青年學子，若手邊有更值得討論的批改文本，也歡迎來信提供，待本書改版時作增補之用。

謹誌於　高雄市新莊高中國文科
民國一〇三年六月

目錄

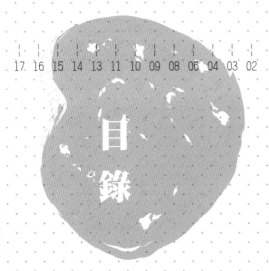

目錄

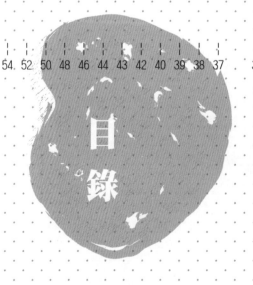

目錄

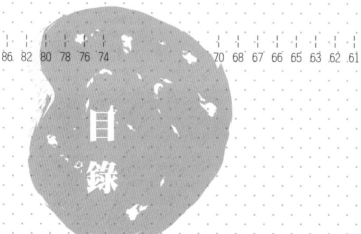

Chapter 2 關於修辭，要注意的是

目錄

目錄

Chapter 3 關於敘事，要注意的是

目錄

目錄

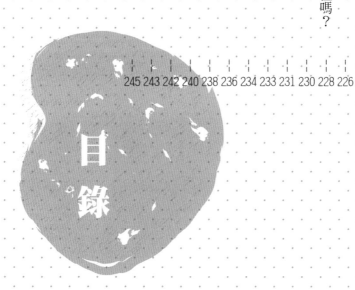

Chapter 1

關於詞句，要注意的是

01 口語化與冗贅文字(一)

原文

題目／捨得　段落／第三段　學校／新莊高中　作者／黃悅慈

事情發生之後，我才從媽媽那裡得知，叔叔他把他可以捐的器官都捐出去了。原來他是想讓自己可以爲這世界再付出一點心力！他捨得，很偉大對吧？很多事情其實可以不用看那麼重，放手讓自己和身體的人都好好休息一下！也許你會看見不一樣的風景。（113字）

解釋

1. 口語化的特色就是：語意粗淺、冗詞多。
2. 最好的修正方法，就是濃縮字數。將原文與改寫的色字，相互比較。

改寫

事畢，母親才向我告知，叔叔已將所有器官捐出，遺愛人間，捨棄終將腐化的肉身，成全了更永恆的生命。讓我頓悟，凡事看開，勇於割捨，更能看見不同風景。（71字）

02 口語化與冗贅文字(二)

原文

題目／我的教室　段落／第一段　學校／新莊高中　作者／林昱學

我去過很多間教室，也待過很多間教室，在求學的階段，每升到一個階段，就會換間教室。我現在的教室，就是剛換過來的。不過換了這麼多間教室，我還是覺得沒怎麼變，都是四四方方的，裡面一樣很多桌椅、很多書，也充滿了人，還有人跟人之間一樣的感情。（116字）

解釋

1. 前後句意類似：「每升到一個階段，就會換間教室」＝「我現在的教室，就是剛換過來的」。
2. 枯燥的名詞排列：「裡面一樣很多桌椅、很多書，也充滿了人，還有人跟人之間一樣的感情」。

改寫

像是遊牧民族般，隨著求學階段的變異，我們便遷徙到不同的教室，雖然黑板、桌椅、布告欄等擺設相去彷彿，但其流動的氛圍卻略有不同。同學間的組成各異，自然會撞擊出不同的火花與情感。（86字）

03 口語化與冗贅文字(三)

可參看 CHI〈09 字詞不要重出(一)〉。

原文

題目／我的祕密基地（衣櫥）　段落／第四段　學校／新莊高中　作者／盧澄宇

隨著年紀的成長，我已有我的朋友、我的同學，而這小祕密基地也不在我的房間裡，我可以和我的朋友談心事，不用再一個人躲到祕密基地裡去。儘管我的小祕密基地已不在，儘管我的房間已經換了……（88字）

解釋

1. 「我的」可以盡量略去。
2. 「我的朋友」＝「我的同學」。
3. 「這小祕密基地也不在我的房間裡」＝「儘管我的小祕密基地已不在」≒「儘管我的房間已經換了」。
4. 重複的名詞，可用代名詞抽換。

改寫

隨著年紀稍長，我已有了可談心的摯友，無須躲入衣櫥，尋找那淺薄的快樂。後來換了房間，也折撤了衣櫥，但這專屬我孩提時的祕密基地，卻仍舊讓我魂牽夢縈。（72字）

04 口語化與冗贅文字（四）

原文

題目／人間風景　段落／第二段　學校／新莊高中　作者／李悅慈

一年的暑假，我與好友想在這漫漫長假中，做些有意義的事——志工。不再是耳熟能詳的「順手捐發票，救救植物人」，雖然募捐發票亦是好事一件，美德一樁，然而我們卻同樣認爲我們高中生能做得其實應該可以更多。於是我們上網搜尋了一番，終於讓我們找到了華山基金會，而意外的是此分會便離我住的地方在同一區域。（144字）

解釋

1. 原文裡的「不再是耳熟能詳……高中生能做得其實應該可以更多」、「而意外的是此分會便離我住的地方在同一區域」都是冗贅之語。
2. 此段重點，應是「做一個與以往不同的志工」，敘述圍繞於此即可，其他即可省略。要學會看出自己文句中的冗贅。

改寫

某年暑假，我與好友意欲充任志工，以往曾於街頭募捐發票，此回想挑戰更深度的服務工作。透過網路接洽，我們決定前往鄰近的華山基金會貢獻己力。（61字）

05 口語化與冗贅文字(五)

原文

題目／鄰座　學校／新莊高中　作者／張師維

1. 它的特色是古典的裝潢及提供內用的服務，讓我有一直想來的感覺，我點了一杯飲品便找了位子坐了下來；位子不是很角落，也不是很顯眼。
2. 此時我才眞正看見她的長相，不是絕世美女，但也不是很難看，是一位普通不過的女生。
3. 看見她的心情慢慢平靜下來，我的飲料也用完，有如我與她的時間也用完了。

改寫

1. 它的裝潢古典雅致，令我流連忘返。我遂點杯飲品，覓著座位，渴盼於此享受靜謐的午後時光。
2. 此時我瞧見了她的面容，純樸靜好，低調而內斂。
3. 看見她的心情逐漸平復，恰好我的飲料已罄，便順勢與之作別。

06 不要有幼稚語彙出現

原文

題目／我的房間　段落／第一段　學校／新莊高中　作者／李悅慈

事實上它並不如一般認知下的整齊美觀，它也有人性醜陋的一面，就像它的主人一樣。它的地板長了頭髮，牆角邊的烏絲甚至是白的，課本、講義隨意棄置任由發臭，偶爾蟲蟲大隊前來觀光製造垃圾汙染——這是我的房間。

解釋

1. 千萬不要將國小的幼稚語彙沿用至今，除非是爲了表示童趣，否則將拉低文章的深度。
2. 該段另有一問題：課本、講義爲何會發臭？

改寫

我的房間，說來可笑，與我皆有著令人退避三舍的形貌。地板灰塵、毛髮積聚成堆，濕潮的牆角甚至生養了細白的菌絲，四散的課本竊占了可以立足的空間，偶有行動敏速的蟲子，穿行在這些障礙間，在我眼前一晃即逝。的確，房如其人，我們徹底主宰了這個空間的淨潔與否。

07 莫用大陸用語

原文

題目／我最重要的選擇　段落／節錄第二段　學校／新莊高中　作者／莊鎬璟

內心經過一段正義與邪惡的交戰後，邪惡勝出了。我選擇拿爸媽的錢。我立馬飛奔去便利商店買「毒品」。然而，有了第一次就一定有接下來的好幾次，連我自己也數不清總共拿了多少。

解釋

1. 雖因兩岸交流頻繁，大陸用語開始影響到我們的用詞，但因大多數人尚未習用，建議仍以使用臺灣用語爲主。
2. 故將原文的「立馬」，改成「立刻」。另外如牛B→十分厲害；很火→炙手可熱；淡定→冷靜鎮定。

08 用語不要粗俗無文

原文

題目／我與蚊　段落／第四段　學校／新莊高中　作者／王顥瀓

仔細想想，蚊子之所以會吸人的血，不過是爲了謀生罷了，這就像老婆偷人、烏龜下蛋一樣是天經地義的事了。即使再不情願，也難以避免，何況我自己也有挨餓的那一刻，抱持著這種想法，我緩緩地鬆開瓶蓋，想一解牠們的困苦。就在牠們解放的剎那，我又被叮了。我看著紅腫的傷，更讓我深深瞭解到，這是在所難免的事。（144字）

解釋

淺薄、不入流的詞彙與譬喻，盡量少使用。即使寥寥數字，亦會予人低俗之感。

改寫

仔細想想，蚊子之所以會吸人的血，不過是爲了謀生罷了，這就像花承雨露、雞覓遊蟲一樣的天經地義。何況我也曾餐風凍餒，深知其中煎熬，若捨涓滴血糧，得寬緩其饑腸，未嘗不是件美事。於是我緩緩鬆開瓶蓋，想一解牠們的困苦。就在他們飛出瓶外的剎那，我又被叮了。我看著紅腫的傷，更讓我深深瞭解到，以身獻蚊，始終在所難免。（151字）

09 字詞不要重出(一)

可參看CHI〈04 口語化與冗贅文字(四)〉。

原文

題目／鄰座　段落／第一段　學校／新莊高中　作者／陳冠宏

當我坐在一個位子上，我個人非常喜歡觀察身邊的人，我都習慣靜靜地看著他們的一舉一動，然後在心中偷偷地給他們一些評價，再利用一些機會更進一步地認識他們。（74字）

解釋

當文段中出現同樣的字詞（如原文的「一」），盡量置換成其他同義字。以求在閱讀或吟唸的時候，通暢無礙。

改寫

當我端坐某處，我便喜歡觀察周遭來去的人群。我習慣安靜悠閒地，探看著他們的一舉一動，然後給予評價。那些溫暖和善的朋友，我總樂於利用各種機會，與之締結友誼。（76字）

10 字詞不要重出(二)

原文

題目／鄰座　段落／第四段　學校／新莊高中　作者／王寶雯

鄰座，可以與其相交，與其借物，我們可能沒有朋友，卻一定有鄰座。其實，鄰座就是我們淡如水的朋友。（47字）

解釋

原文有幾點缺失：字詞重出、敘述口語。

改寫

鄰座，可以與之相交締誼，借物契談。縱使萍水相逢、素昧平生，也不礙他們成為我生命中一位淡泊如水的朋友，有禮守矩地相互陪伴。（60字）

11 淺顯的詞彙無須解釋

原文

題目／專注的力量　段落／節錄第二段　學校／新莊高中　作者／侯昱全

我們很專注的時候，常常會忘記去做原本該做的事，廢寢忘食就是一個很好的例子，形容一個人讀書讀到忘記吃飯和睡覺。（54字）

解釋

連小學生都會的成語「廢寢忘食」，有需要補充說明嗎？此處只會讓讀者覺得拖泥帶水、硬充字數。

改寫

當我們專注時，便無暇顧及他事，廢寢而忘食，不知逝者如斯。（28字）

12 推敲詞彙，讓句意更精采有味

原文

題目／為自己加值　段落／節錄第一段　學校／新莊高中　作者／陳怡潔

人生就像一場賭局，有人運籌帷幄，滿盤皆贏，有人放手一搏卻全盤皆輸……（32字）

解釋

1. 首先第一句的譬喻，即是要彰顯，人生與賭局一樣，變化萬千。
2. 再來我們可以思考，「運籌帷幄」是優勢，理所當然可以「贏」。相對而言，「放手一搏」或可理解有背水一戰之意，極有可能「輸」。這樣子，就無法與開頭譬喻的意涵相呼應了。
3. 因此，改寫部分，試著將兩者結果對調，應更能符合「賭局」之意。

改寫

人生就像一場賭局，有人運籌帷幄，卻全局皆輸，有人放手一搏竟滿盤皆贏……（33字）

13 遣詞過於雕琢，有礙語意順暢

可參看《作文課後──這樣寫會更好》（以下簡稱《作文課後》）CH2〈09 過度經營，有時會忽略文意的通順〉。

原文

題目／發現　段落／第二段　學校／新莊高中　作者／蕭宜珊

追求本是人的天性，我們嚮往極致、崇尚完美，如同登鸛雀樓中「欲窮千里目，更上一層樓」，越想看盡天下風光，則必須攀上高臺。我曾努力追尋親人以外的情感支柱，不只是交友廣闊，甚至早他人許多即與異性有異於平凡的往來。不過，越是朝著憧憬的方向探尋，我竟越不懂得情感的眞理，究竟長期以來我汲汲營營的目標是否超出我的負荷？我一面懷疑著，同時也停下腳步，用心思索我的需求，回首環顧周遭。（184字）

解釋

1. 寫作自有其隱約內斂的要求，但也不要過於拐彎抹角。原文色字，雖能讀懂，卻可明顯感受到語氣的不順暢。
2. 該段與題目〈發現〉，不太切合，且整段意義混亂，前面有進取之感，中間又膩於情感，後面抒感又不甚具體踏實。

3. 段末「回首環顧周遭」，有未竟之感。

改寫

我們不斷探索未知，嚮往極致、崇尚完美，希望仰賴新的發現，來救贖現下的苦悶。我曾經對親情的存在深感失望，故而追尋其他的情感支柱，像是友情或是愛情。即便如此，依然苦無解答，關於愛與被愛的選擇，關於緣起緣滅的勘悟。（104字）

14 淺近文言看似精鍊，掌控不好則顯拗口難讀、文意滯澀(一)

原文

題目／平淡的真諦　段落／第二、三段　學校／新莊高中　作者／黃偉倫

雖說爲健康是其一，只要還是自己較喜愛這種平淡的感覺，感覺無負擔，身心輕盈飄逸似仙。於我，平淡如友，每處一起，總是溫馨。尤其那種似有若無，好比山間雲彩，霧裡迷航，乍然一現，便使我欣喜，於是開懷一笑，探入其中，享其情境，樂以忘憂。我對平淡之愛，可見一斑。

平淡會是種態度，讓人輕鬆享受生活，不需高級物品，即是穿著不亮麗的衣物，食不多加油鹽的飯菜，也令人滿足；面對事物，平心而待，靜靜思考，不過於相爭，以輕笑會之。鑿前人之鑑，豈不多？隱士居於田園，雖簡陋貧乏，卻是自在，他們從自然中得到生活情趣，產生快樂。（249字）

解釋

1. 刻意用淺近文言行文，雖有精鍊之感，卻易造成用字之誤。如：「鑿」前人之鑑。
2. 前後文句應有對稱之感，否則除了唸讀不順，亦造成理解之困。如：「穿著」不亮麗的衣物，「食」不多加油鹽的飯菜。

3. 山間雲彩令人欣喜沒錯，但「霧裡迷航」多讓人有失措之感。

改寫

雖說追求健康爲其因之一，主要還是自己較喜愛這種平淡的感覺，感覺無負擔，身心輕盈飄逸似仙。於我，平淡如友，與之爲伴，總是溫馨。尤其那種似有若無逸趣，好比山間雲彩，海上輕霧，乍然一現，便使我欣喜，於是開懷一笑，置身其中，享其情境，樂以忘憂。我對平淡之愛，可見一斑。

平淡是一種態度，讓人深擷生活之況味，不需高級物品，即是穿著不亮麗的衣物，飽嚐山菜野蔬，也令人滿足；面對身旁事物，潛心體會，偶遇逆境，不過度爭抗，淡笑以對。觀前人之鑑，所在多有，陶潛居於田園，顏回安於陋巷，雖簡困貧乏，卻是自在愜意。從自然中得到生活情趣，實爲我心之所嚮。（259字）

15 淺近文言看似精鍊，掌控不好則顯拗口難讀、文意滯澀(二)

原文

題目／我理想中的教育環境　段落／第二段　學校／新莊高中　作者／林昱學

斯以爲教育應是使學生們能更適應社會才行之事，應是以自己意志嚮往才行，而又如何使學生有意，則是重點，應將所學融入環境，使其在日常生活中也能學習，使其漸漸熟悉，最後化爲習慣，這是以日常方面，而以學校方面則是應與日常相乘，不是以一味地將書中訊息以口說傳達，而是身體力行，俗話說：「讀萬卷書，不如行萬里路。」古人都懂的道理，現在的人卻無任何想法。（166字）

解釋

1. 原文色字皆有誤謬或語意不清。
2. 若無法駕馭文言之精鍊，建議採白話行文。能夠準確傳意才是寫文章的重點。

改寫

㈠白話

我認爲教育的本質，是爲求學生在獨立後，能在社會謀職立身。所以，更需要順性引導，讓他們找到適合自己生長的水土。因此，足以激發學生學習熱情，是一個成功的教育環境的必備條件。我認爲將學習落實於生活，才是重點。書撰履歷謀職、編寫計畫文案，需要運用文字的能力；審視金錢出納、資產風險管理，數字的敏感度不可或缺；熟悉天地萬象的變化，古往今來的脈絡，方知物化史地之學並不空泛。

現今的口傳心受的學校教育，定得打破重整，不再鑽研簿本上的枝微末節，而是求其效習應用於生活的要訣。古人提出了行萬里路的灼見，現在的教育主事者似乎嚴重悖離。（253字）

㈡淺近文言

私以爲，教育乃造塑成人之所需，使之立足社會，涵養生命。是故，知識授受之間，必以學生能樂之、好之爲依歸。教育環境的經營，亦應以此爲準，在生活裡學習，在實作中悟理，教育絕非埋首桌前的勤讀，而是追求自我成長的一種習慣。古人常云：「行萬里路勝於讀萬卷書。」此理甚明。今人卻仍以鑽求文字課文爲樂，背誦吟讀，而非吸收審思，實踐於生活。怪哉！（161字）

16 將陳腔濫調，變為自出機杼

原文(一)

題目／永恆　段落／第一段　學校／新莊高中　作者／莊翔宇

「鑽石恆久遠，一顆永流傳。」有這麼一個句子在人們的口語中相傳。但事實是這樣嗎？不，即使堅硬如鑽石，卻依舊會有磨損，依然會有崩壞的一天。那何謂永恆，又有什麼是永恆的存在呢？（85字）

原文(二)

題目／永恆　段落／第一段　學校／新莊高中　作者／蔡旻諺

「鑽石恆久遠，一顆永流傳。」廣告是這麼說的，但在我的眼中，也只不過是會發亮的碳而已，那對我而言，何謂永恆？其實我思索了很久。（63字）

原文㈢

題目／永恆　段落／第一段　學校／新莊高中　作者／錢耀崴

從前聽到一段話「鑽石恆久遠，一顆永流傳。」但前些日子從一本書中看到，世上永恆不朽的物品，不是鑽石，而是金。不過對我來說這些物質上的物品，不能稱作永恆，因爲總有一天這些物品會不再屬於我們。對我來說能稱爲永恆的就是一個人所流傳的信念，及亙古流傳的教育。（124字）

解釋

一些耳熟能詳的語句，如「光陰似箭，歲月如梭」，盡量不要整句帶入。可改以：

1. 僅帶入一句（點到爲止）。如改寫㈠。
2. 稍作變形。如改寫㈡。
3. 仿義不仿詞。如改寫㈢。

改寫

㈠人們不斷流傳著「鑽石恆久遠」的頌讚，但事實眞是如此嗎？即使堅如鑽石，依舊會被機具磨損，被焰灼爲碳。我不免質疑，滄海桑田，萬年一瞬，有何物事能夠永恆地存在呢？（78字）

㈡「鑽石久遠恆長，足以印證今生來世的愛戀。」廣告臺詞不停地魅惑我們，永恆能以財富換取，如此垂手可得。我不信永恆如此廉價，畢竟它能跨越生死與地界。一定有一項物事，比鑽石更能彰顯永恆的價值。（91字）

㈢鑽如燦星，橫越紀年；金如光陽，永照萬物。但對我來說，這些物質上的珍寶，不能視作永恆，買賣收贈之間，即能輕易轉徙數人。我所認定的永恆，除能穿梭時光，還要能寄託個人的生命於其中，像是賢者的哲思，偉人的信念。（101字）

17 文采不彰㈠

原文

題目／想飛　段落／第二段　學校／新莊高中　作者／王寶雯

猶記得國三時，那艱苦難熬的基測準備期，每天面對著不同科的複習講義、歷屆試題，除了複習還是複習，除了做題目還是做題目，被基測壓力給逼著日復一日地做著相同的事，一邊讀書一邊害怕著基測的落榜。看著離基測的日子一天天減少，壓力卻越發地大，到最後甚至成了行屍走肉的考試機器，對成績都沒什麼感覺。壓力壓得我快喘不過氣來，所以，我總喜歡往窗外看，看那自由自在在天空翱翔的燕子，渴望自己能盡快逃出這考試的牢籠，和燕子一起乘風而去，呼吸新鮮空氣，享受這世界的美好。（223字）

解釋

1. 將冗詞刪減：每天面對這不同科的複習講義、歷屆試題→每天應付著各異的教材。
2. 將敘述修辭化：除了做題目還是做題目→題目如山如林，沉重地壓迫著我，也阻斷我瞻望天空的視線。
3. 將詞語精緻化：我總喜歡往窗外看→我總愛憑窗遠眺。

改寫

猶記國三那年，艱苦難熬，每天應付著各異的教材，只爲與基測一搏。簿本上的題目如山如林，沉重地壓迫著我，也阻斷我瞻望天空的視線，但我只能接受它，因爲畏懼著落榜的時刻，會使我更難堪。埋首書堆的日子不斷複製著，壓力只增不減，我幾乎被馴化作一部考試機器，沒有思想與情感。唯有憑窗遠眺之時，我才能稍微喘息，看著天際流雲，風中遊燕，渴盼自己也能有重獲自由的一天。（174字）

18 文采不彰(二)

原文

題目／我理想中的教育環境　段落／第二段　學校／新莊高中　作者／王棋

教育部推行了許多辦法，但其中卻大多不夠完善或根本不受支持。我想政府在推行政策前應先考量到其可推行性與政策是否完備，不然不僅是一般社會大眾，連身爲學子的我們也將無所適從、不知其所云。另外，我認爲在政策制定上應當考慮基層教師與學生的意見，例如十二年國教就是基層教師大多反對的例案。對於最前線的教師意見置之不理，實在怪哉。若由我來建構教育制度，絕不如此！（174字）

解釋

內容一樣，但文句不精鍊的文章，容易讀之無味，落於下乘。

改寫

主事者屢推教育新政，卻總是倉促就章，引來諸多質疑。且對基層教員的意見，置若罔聞，譬如十二年國教，極有可能淪爲紙上談兵的朽物。植木栽苗，須得耐心靜候方能茁長，何況教育乃樹人之業，更應求其穩妥無缺，否則朝令夕改，教者不知所向，學者無所適從，教育環境將漸次崩解。（128字）

19 詞彙的淺深

原文

題目／冒險　段落／第一段　學校／新莊高中　作者／郭永昱

能夠預測的是理論，不能預測的是人生。每分每秒我們所做的事都存在風險，行走可能會跌倒、開車可能會車禍、捷運可能會停頓，若人不承擔風險那我們就不能吃飯、出門、工作，總而言之，人總是要冒險的。（93字）

解釋

1. 要判別作品之優劣，往往從作者遣詞用字便可略知一二。
2. 中間舉例皆屬「交通」，過於單調。
3. 字彙的淺深差別，舉例如下：

淺	中	深
好朋友	好友	摯友
遇到	相逢	遇合
打開眼睛	睜開雙眼	眼簾輕掀
用力去寫	努力作答	字斟句酌
非常瞭解	深知	知之甚詳
想	思念	魂繫夢牽
臉頰很紅	紅暈乍現	頰生艷紅
剛剛睡醒	甦醒	大夢初醒

改寫

理論能夠推斷，人生卻無法預測。我們的所有舉止，都存在風險，行路可能失足，駕車恐會肇禍，炊事恐遭祝融，飲食亦懼噎喉。若我們不願承擔風險，恐將諸事難行。

人生若不冒險，生活將無法開展，視野也無從廣拓。但冒險絕非暴虎馮河，春冰走索，而是以萬全的準備，去迎接各種挑戰。（129字）

20 詞意運用有誤，造成語氣偏差

原文

題目／永恆　段落／節錄第二段　學校／新莊高中　作者／方靜瑋

……當我在外受苦時，能保護我，使我感到安慰；當我做錯事，能眞正原諒我，無絲毫的芥蒂。如是朋友，即使原諒你了，心中仍有些許的不舒，由此可知，親情是你這一輩子都無法擺脫的永恆。（84字）

解釋

作者心中的永恆，是「親情」，理應對它眷戀不已；但後頭卻用了「無法擺脫」，有種嫌惡之意。

改寫

……當我隻身在外，親情能予我蔽障、給我撫慰，毫無怨悔地原諒我的過錯。朋友再如何親暱，一有齟齬，便心生嫌隙，極難相好如初，但血脈不絕，親情難斷，我們一輩子都將沐受著親恩的照拂。（87字）

21 特殊名詞不一定要加上引號，可先做解釋

原文

題目／停雲　段落／第二段　學校／新莊高中　作者／張瑜倩

想起那一天和有著今天相仿的天色，外公和以往一樣，戴著斗笠，穿著已泛黃的汗衫，腳踩著木屐，說要帶我去他的祕密基地。我興奮地牽著外公往田埂走去。一路上，外公講著他年輕時打敗日本軍的英姿，講到和外婆相戀的過程，不知不覺地，我們走到一條清澈的溪流旁，溪流映著月光，像珍珠般發光，而外公也終於向我說出今天來的目的——釣「水雞」。一開始，我嚇得爬上外公的背上，覺得青蛙又大，長得又醜，十分抗拒釣「水雞」這項活動，但看著外公得心應手的模樣，我燃起了好奇心，跟著外公等待「水雞」上門。我記得那天玩累了，還是外公背著我返家。（254字）

解釋

1. 水雞是臺灣俗語，加上「　」便是想呈現它的特殊性，但重複多次，恐有累贅之感，不妨以敘述句解釋，讓讀者瞭解。

2. 且中間跳出一句：「我嚇得爬上外公的背上，覺得『青蛙』又大，長得又醜……」所用說法不一，亦是一弊。

改寫

想起那一天和有著今天相仿的天色，外公和以往一樣，戴起斗笠，身著汗衫，腳踩木屐，領我去一處祕密基地。一路上，講著他年輕擊潰日軍的英姿，和外婆相戀的甜蜜，不知不覺地，我們沿著田埂，來到一條清澈的溪流旁，溪流映著月光，像珍珠般發光，外公笑說：「我們來釣水雞。」

許是牠那嘹亮的叫聲如雞啼，鄉下人慣將青蛙喚作水雞。一想到水雞黏滑詭異，讓我嚇得竄上外公的背，偷偷窺伺。只見外公揚手，將釣線一勾一引便將水雞手到擒來，直說晚餐加菜了。我摀著眼睛不敢直視。（216字）

22 專有名詞，有時可以直陳意涵

可參看CH3〈54 少數經驗要講清說明〉。

原文

題目／一步一腳印　段落／第三段　學校／新莊高中　作者／王绍安

看完電視中的《一步一腳印》後，我瞭解自己的生命，應當一點一滴地累積，如果翹課，半途而廢，也不聽信別人的勸導，等自己長大後，我覺得會悔不當初的就是自己了，畢竟自己的生命是屬於自己的，除了自己以外，任何人都沒有辦法幫你走完這一條路。

解釋

1. 某些專有名詞，別人並不熟悉，請勿草率帶過。如同原文中的《一步一腳印》，或許有人不知，它是某新聞臺的節目名稱。
2. 專有名詞無須詳實寫出，點出它的功能即可。比如：我常去7-eleven買東西→我常至便利超商購物。

改寫：原文色字可替換

1. 看完訪談節目《一步一腳印》後，……
2. 看完某新聞臺的訪談節目，……
3. 觀賞完電視上吳寶春師傅的訪談後……

23 句中名詞衆多時，試著變化排列，觀察誰為主詞最佳

原文

題目／人間風景　段落／節錄第二段　學校／新莊高中　作者／黃乙峻

恣遊日月潭之時，在飯店泳池中，憑干欣賞著群山環抱，因江霧瀰漫，讓潭有了仕女的頭紗，偶一遊艇呑霧而出，像極了輕舟已過萬重山之景……（64字）

解釋

1. 原文「讓潭有了仕女的頭紗」較不生動。因「有了」的動作較爲模糊，到底是「仕女手上握有頭紗」，還是「仕女頭上戴著頭紗」，並不明確，導致讀者無法在腦海生發畫面。所以，應愼選動詞。
2. 且「讓潭有了仕女的頭紗」，句意有些凝滯。不妨將句中的三個主詞：潭、仕女、頭紗，移位變化，找出最佳的排列組合。

改寫

1. 江霧瀰漫，仿若頭紗罩潭，讓幽綠潭水潭頓似仕女的雅姿靜影。
2. 江霧瀰漫，讓潭水顯得婉約可人，仿若一位穿戴頭紗的仕女。
3. 江霧瀰漫，潭水仿若頂戴一片頭紗，化身仕女，幽居山林之間。

24 不要單用形容詞來描繪(一)

原文

題目／發現自己的不完美　段落／第一段　學校／新莊高中　作者／陳姵宇

從以前，我就覺得自己樣樣不如人，不但外表沒有別人甜美，功課沒有別人好，就連談吐也沒有別人有智慧。我試著改善，但總是還沒成功就放棄，導致我到今天還是有許多不完美。（80字）

解釋

1. 只用形容詞描繪，會失之簡略、淺薄。
2. 嘗試用「短句」來細膩描寫。

改寫

自小，我就自覺卑微無用。外表平庸，難以受人矚目；功課不佳，談吐俗惡，更讓人嗤爲蠢笨。我曾經試著想改善這些陋習，扭轉別人對我的看法，但萬事未酬，我卻已怠懶放棄，於是這些不完美如影附形地跟著我，極難掙脫。（102字）

25 不要單用形容詞來描繪(二)

原文

題目／平淡的真諦　段落／第一段　學校／新莊高中　作者／張師維

滿天的星斗是一種美，一片白雲也是一種美；精采的生活是一種美，然而平淡也是一種美。（40字）

解釋

1. 只用形容詞描繪，會失之簡略、淺薄。相較前一單元，此處用的還是「重複的形容詞」。
2. 應加入「短句」，點出其美。

改寫

滿天星斗，美在它的繁華璀璨；精采生活，美在它的豐富多樣。但性好恬靜的我，除偏愛晴空孤雲的流浪之美，亦追求著生命的輕靈淡遠之美。（63字）

26 形容詞單調貧乏

可參看 CH3〈05 詳加描寫——聲音(二)〉。

原文

題目／最美麗的聲音　段落／第一、二段　學校／新莊高中　作者／林昱學

人來人往的街道上，嘈雜的人聲侵擾著我的思緒，呼嘯而過的車聲，聽得出駕駛急迫的心，眼前繁複的景象使我更加心煩，遂閉起眼，希望能平復自己的心情。這時卻聽到清脆一聲，只一聲竟讓我煩躁的心平復下來。驚喜的我便開始尋找出聲點，卻發現，這清脆一聲竟是來自一隻鳥。

自那次之後，我就慢慢喜歡上鳥聲，每當走在路上，聽到清脆一聲，總會回頭一尋那小巧的蹤跡，希望牠們高亢的聲音，能帶我逃離這沉悶的社會。有時閒閒無事在路上聽到牠們唱一曲，便駐足聆聽，雖聽不出什麼意思，分辨不出是誰唱的，但總被牠們清脆、高亢的聲音吸引，總覺牠們的聲音讓我感覺到自由，感覺就像牠們在天空翱翔一般。有時牠們的節奏更會忽快忽慢，一邊短啾數聲，一邊長啾一聲，如交響樂般使人心曠神怡，不知不覺就沉浸在這，久久無法離去。（332字）

解釋

1. 詞窮造成詞彙重出，也影響了文章的優劣。
2. 平常應廣泛記憶各類同義詞，才能應付裕如：
(1) 聲音：萬籟、天籟、聲嗓、音調、腔調、語音、聲色、聲腔、音色、聲情……
(2) 鳥鳴：鳥囀、鶯語、啁啾、啼叫、枝頭好音……
(3) 高亢：激昂、清越、嘹亮、尖亮、清亮、清澈……
(4) 鳥鳴聲：婉轉、輕靈、纏綿、促急、圓潤、碎玉……

改寫

熙來攘往的街道上，喧嘩的人聲侵擾著我的思緒，呼嘯而過的車聲，更割裂了我的理智，繁複刺耳的聲響，令人難捱。遂閉起眼，希冀固守僅存的一絲寧靜。此時一聲嘹亮，如清泉洗耳，暫得清明，單就一聲，便壓撫我煩躁的心。驚喜如我，逡巡窺望，試圖尋找音源，終於，在林梢掩蔽間，看見了一隻引吭的鳴鳥。

自那次之後，我就慢慢愛上鳥聲，行路時，每回聽見枝頭好音，總會仰頭一尋那小巧的蹤跡，希望藉著牠們高亢清越的聲嗓，能帶我遠避社會的沉悶。常常，我會駐足以聽，有時纏綿似縷，有時促急如碎玉，輕靈的調曲，優游自適，有著飛翔的意境。牠們也愛變換歡唱的節奏與旋律，低鳴高叫，短啾長吟，如交響樂章，交織羅密，網罩住每一雙渴望的耳。雖然我辨析不出這些圓潤的聲色，出自誰口，但這美麗的聲響，卻恆常繚繞我心。（331字）

27 主詞與動詞的搭配

原文

題目／舞臺　段落／第四段　學校／新莊高中　作者／陳建霖

舞臺，是自己展現生命的地方，卻也像是那人生的驛站，一站接一站，綻放再綻放。也許我們該感謝它，因爲登臺不易，使我們精益求精，一次比一次更耀眼動人。（72字）

解釋

人生的驛站並非花朵，怎會綻放？要思考主詞與動詞的搭配。

改寫

舞臺，是每個人都可立足其上，展現風華的地方。終其一生，我們不斷尋求各式舞臺來證明自己的存在，舞臺便如驛站，引領我們行旅於通往成功的徑途。每一次登臺，都能使我們精益求精，一次比一次更耀眼動人。（92字）

28 量詞與名詞的搭配

原文

題目／停雲　段落／節錄第二段　學校／新莊高中　作者／陳彥如

看見旁邊同學一絲淚珠從眼角落下，我想告訴他，我們也只不過是一朵停雲，雖然此刻是停留的，但也將有離去的一天。（53字）

解釋

量詞與名詞不可隨意亂套。如一顆淚珠、一道淚痕。

改寫

看見旁邊同學自眼角滾落一顆淚珠，我想告訴他，我們亦如停雲，暫棲於此，終有離去的一天。（44字）

29 連接詞有誤

原文

1. 那段時光讓我眷念、難以忘懷，也令我有了一番體悟——儘管我身在何處，只要身旁有位意義深重的朋友陪伴，在那裡都會是個快樂幸福的天堂。美好的時光最重要的是「誰」與我去創造出的。

2. 我才覺得外公的心如此寬宏，每個問題皆有問必答，而臉上的慈藹笑容也不像平常繃著臉的外公，難道是有何事能令他笑逐顏開？

3. 一次，在往常的嬉鬧中，一不小心撞倒了鄰居的花瓶，它摔落地上，應聲破裂，當下幾個小孩子隨即一哄而散，我也回到家中，倘若一切沒發生。但不久後，鄰居便前來興師問罪。我站在一旁，只見外婆連連賠不是，一面用憤怒的眼神投向我。

4. 厚重灰暗的積雲是大雨的前兆；萬里無雲的天空是晴朗的指標；赤紅火焰般的地震雲，卻是災難前的預兆。然而片片雲朵游移在蔚藍的天空，卻是令我最期待的美景。

解釋

1.「儘管」：即使、雖然。應要改成「不管、無論」：不論。
2.「難道」：加強反問語氣的副詞，即「莫非」的意思。應要改成「究竟」：到底。
3.「倘若」：如果、假使，假設語氣。應要改成「裝作」：為掩飾真相所做的舉動。
4.「卻是」、「然而」應做刪改。

改寫

1. 那段時光讓我眷念、難以忘懷，也令我有了一番體悟——只要身旁有位意義深重的朋友陪伴，無論身在何處，都是天堂。
2. 這才發覺，外公的心如此寬宏，每個問題皆有問必答，臉上的慈藹笑容也不像平常繃著臉的外公，究竟發生了何事，令他笑逐顏開？
3. 一次，在往常的嬉鬧中，不小心撞倒了鄰居的花瓶，它摔落地上，應聲破裂，當下幾個小孩子隨即一哄而散，我也回到家中，裝作一切沒發生。但不久後，鄰居便前來興師問罪。我站在一旁，只見外婆連連賠不是，一面以憤怒的眼神投向我。
4. 厚重灰暗的積雲是大雨的前兆；萬里無雲的天空是晴朗的指標；赤紅火焰般的地震雲，是災難前的預兆。唯有片片雲朵游移的蔚藍天空，才是令我最期待的美景。

30 請注意人稱的使用(一)

題目

你有什麼話想對誰說呢？你想用怎樣的語氣與姿態，說出這些話呢？不管對方是否聽見，你希望這些話語可以改變什麼現狀呢？請以「心中有話想對你說」為題，以**散文體**寫作**五百字以上**的文章，行文則以**第二人稱**敘述，**敘事與抒情**並重。**請抄題目**。

原文

題目／心中有話想對你說　段落／第一、三段　學校／新莊高中　作者／黃乙峻

你應該很久沒好好一吐爲快了吧？抑或是多久沒找父母聊聊了？那些藏在心中的話，是該拿出來讓父母清楚了吧！

你，終於開始讀書了，這些我都看在眼裡，但你不喜歡媽媽給你投以不信任的眼神，也許你能把內心的想法告訴她，而不是做無意義的爭執。（此段爲62字）

解釋

1. 作者似乎不清楚題目所言「第二人稱」的定義。
2. 作者本意，應是：我（兒子），有心裡話想對你（媽媽）說。所以原文中的「你」，應改以「媽媽」爲主。
3. 以〈禮物〉爲例，略寫三種人稱的敘述。

(1) 第一人稱：我最期待生日那天，收到來自四面八方的禮物，每一個都包藏著朋友的祝福與巧心。

(2) 第二人稱：你期待生日嗎？你期待收到來自四面八方的禮物嗎？當你拆開它時，是緊張？是歡欣？還是會偶有失望的情緒呢？

(3) 第三人稱：他最愛過生日了，因爲他的座位便會堆滿朋友給他的壽禮。他喜歡將它們搬回家，一個一個地拆封，他覺得裡頭的物事，是他與朋友之間的祕密，並不願意公開。

改寫：（第三段）

我終於開始讀書了，不知道你有沒有看在眼裡。我並不喜歡你對我投以不信任的眼神，彷彿我的一舉一動都是造作與謊言。我好想把內心的想法告訴你，讓彼此體諒而非抵抗，我受夠了步入青春期後，那些無意義的爭執了。（98字）

31 請注意人稱的使用(二)

原文

題目／心中有話想對你說　段落／第二段節錄　學校／新莊高中　作者／林品均

弟弟是我們家最小的小孩，阿嬤視他爲寶，我們全家都很疼他，小時候弟弟不是在媽媽的懷裡，就是在爸爸的手臂中，從未離開過一刻，到了上幼稚園時，姑姑深怕他在學校不習慣而從早到晚在旁陪伴，有時只是稍微受點傷，媽媽卻擔心得像是他斷了一條腿；有時只是做了些本該做的事，卻換來了極大的獎賞，因此造就了你現在這樣被寵壞了的個性。（155字）

解釋

題目要求要第二人稱。文章開頭，作者卻用第三人稱寫作，末句又改爲第二人稱，前後不一。

改寫

你是我們家最小的孩子，阿嬷總視你爲寶，家人也都無微不至地照拂你。幼時的你不是在媽媽的懷裡，就是在爸爸的手臂中賴著。到了上幼稚園時，姑姑深怕你不習慣校園生活，從早到晚在旁陪伴。有時你只是稍微受點傷，大人便憂忡至極；有時你只是做好份內事，卻換來了極大的獎賞。我想，或許就是這樣的溺愛，造就了你那被寵壞了的個性。（153字）

32 句序混亂

原文

題目／舞臺　段落／第一段　學校／新莊高中　作者／莊翔宇

流傳千年的《史記》，讓司馬遷名垂千古，而其背後是數十年的筆墨耕耘；臺灣東部的清水斷崖，使它佳名遠傳的是數千載的風雨歷練。在舞臺上，我們看得見表演者精湛華麗的演出，但在演出前，在其上卻是種種挫敗與痛苦。舞臺，便是這麼一個令人膽怯而又如此讓人著迷的場所。（123字）

解釋

1. 司馬遷一例，其中「而『其』背後是數十年的筆墨耕耘」中的「其」，是指《史記》還是「司馬遷」？此處句序混亂，會令人產生質疑。應改作：司馬遷能名垂千古，來自其背後數十年的筆墨耕耘，著成一代經典——《史記》。
2. 《史記》與清水斷崖兩例，都在強調時間，而非題目所說的「舞臺」。

改寫

《史記》是司馬遷的舞臺，他收納千年歷史於其中，成就了學術的高度；歐亞大陸則是成吉思汗的舞臺，他降服數百部族於其中，奠下了政治的廣域。舞臺上風光驕人，但登臺前的筆墨耕耘與征戰殺伐，勞心搏命卻少人聞問。舞臺，便是如此迷人卻又殘酷的一個地方。（118字）

33 句意語氣要連貫，不要斷裂

可參看 CH2〈22 轉化莫寫得過於抽象〉。

原文

題目／最好的時光　段落／第四段　學校／新莊高中　作者／林璟秀

家庭，凝聚離鄉、在外各地的人，一份只有家庭才擁有的感動，使在團聚中產生，是對彼此坦誠、毫無防備的信任，無話不說的親情愉悅，只有家庭，才會有那種情感、包容，因此家庭團聚，何嘗不是人生中最好的時光？（97字）

解釋

現代學生或因浪漫才高，開始嘗試類詩的語句；或因受歌詞影響，有時會寫出語意斷裂的句子。導致閱讀時，無法流暢地解讀。

詩人寫散文，他們會有豐富的意象、精彩的修辭、精鍊的遣詞，但不會將詩句的跳躍斷裂放入文章。

改寫

家庭，能滿足離鄉遊子的渴望，唯有歸家團圓時，才能令人懷抱著飽脹的幸福，裡頭除了彼此坦誠的信賴、互相慰藉的依賴，還有無話不說的歡愉。除了家，這世上沒有任何地方，能覓得這樣的情感。因此，在家裡安居的日子，幾乎是每個人心中最好的時光。（97字）

34 語句表意，無法承上啓下

可參看《作文課後》CH4〈01 段落之間，要思考是否銜接順暢(一)〉。

原文

題目／最美麗的聲音　段落／第一段　學校／新莊高中　作者／隆閔涵

閉上眼，我們能與外界溝通聯絡的，只有耳了。街上的喧囂或寧靜，大地是雀躍還憂傷，人們是激動或平靜。在千百萬種聲音中，我覺得最美麗動人的，非風聲莫屬。（73字）

解釋

前三句意旨爲「我們用耳朵與外界溝通」，但原文色字卻全無溝通之意，僅點出接收的功效，致使語意至此中斷難續。

改寫

閉上雙眼，我們能藉以與外界溝通聯絡的，便只有耳了。街衢的喧囂或寧靜，引動著躁煩與平和的心緒；大地的繁盛與凋零，帶來了希冀及絕望。當我們斂耳，世界顯得平板而單調；當我們傾聽，天地多情而鬧熱。此間的繁弦急管中，最令我驚艷的，便是那續續不絕的風聲。（121字）

35 句意重複㈠

原文

題目／鄰座　段落／節錄第三段　學校／新莊高中　作者／葉湘晴

我著急地尋找原因，卻忘了他只是個陌生人。悵然若失的感覺滿溢在心頭，那是種難以言喻的失落。（44字）

解釋

上下句意思重出，會有累贅之感。應另用語句，強化前句描述

改寫

我著急地尋找原因，卻忘了他只是個陌生人。悵然若失的感覺滿溢在心頭，難以言喻，心如空城。（43字）

36 句意重複(二)

原文

題目／我與別人大不同　段落／第一段　學校／新莊高中　作者／李冠儀

有言：「一樣米養百種人。」我敢斷言，世上沒有兩個一模一樣的個體，就算是最親近的姊妹，個性想法再接近，兩人也是不一樣的。每個人都是獨立的，每個人都是獨特的，每個人都有屬於自己的價值，每個人的存在都是獨一無二的。（104字）

解釋

句子要刪除與整併，詞彙不要重出。

改寫

俗語有言：「一樣米養百種人。」道盡了世上沒有一樣的個體，即使是雙胞姊妹，外貌與性格亦有略異。每個人都以獨特而自信的姿態，立身於世，演繹出不同的精采故事。（76字）

37 膚淺句型不要有(一)

原文

題目／發現　段落／節錄第三段　學校／新莊高中　作者／陳姵宇

我喜歡靜靜地觀察身邊的人、事、物，不僅如此，只要能從中發現什麼我就會感到無比的成就感。就拿身邊的朋友來說好了，一開始認識的時候也許會被一些外在的行為而產生不好的第一印象，但透過每天這樣的朝夕相處，或許會慢慢發現他……（108字）

解釋

除了色字有口語化的缺失，原文尚有句長無標點的問題。

改寫

我喜歡觀察周遭人事，探掘其中奧妙。我總想起初識身旁好友時，曾因他的一些誇張舉動而對之反感，但相識日深，便慢慢發現他……（60字）

38 膚淺句型不要有(二)

原文

題目／我與別人大不同　段落／第三段　學校／新莊高中　作者／陳昀儂

從小到大，聽過同學或老師對我的形容詞，最多的是「幼稚」，總是一找到機會，就想惡整同學，例如：把同學的書包對調，結果他們找不到書，還差點哭出來。還有搭手扶梯時，故意讓同學先下去，自己再走去其他地方……（99字）

解釋

「例如」一詞，應是課文、學術報告、演講會出現的口語詞彙。

改寫

自小同學與老師總以「幼稚」來評價我，因爲我能想出各種花招來捉弄大家。像是調換同學的書包，偷瞧他們惶然驚疑的臉孔；或是逛街時趁友人不備，隱身在某個街角，讓不擅辨位的他，迷途失向，慌張地尋找我的蹤影。……（100字）

39 膚淺句型不要有(三)

原文

題目／我與別人大不同　段落／第一、二、三段　學校／新莊高中　作者／陳姵宇

每個人都有一些和別人不同的特質，除了用肉眼就可以看出的外表和聲音，一定還有更獨特更能凸顯自己色彩的特質。

先說說缺點好了，身在這個升學壓力大的學校，看見的每個人都在爲了努力而努力，看在眼裡真的還是有幾分慚愧，我也是想過要追上大家的腳步，但我似乎很容易因爲一點挫折而半途而廢，我曾經想過爲什麼我不能像大家一樣爲了追求更高的目標而加倍地努力呢？最終的答案很簡單，那就是沒有恆心和意志力，也許有些人會覺得我只是在替自己的懶惰找藉口，但我想說的這就是我與大家的不同。

再來說說優點吧！一直以來我總是覺得我沒有任何一項是比別人更凸顯、更能展現自己的才能，但或許是老天眷顧我吧！祂給了我一個好相處的個性，這點是我一直以來的驕傲，有可能在某些人眼中，會覺得女生沒有女生的樣子，但即使這樣又如何？自然不做作一直都是我信仰的性格，會讓人想親近自己並覺得沒有距離感，這也是我一直期許自己能達到的標準和跟別人最大的不同。（396字）

解釋

1. 原文色字，冗贅、刻意、口語。
2. 且本篇主旨爲「與別人的不同處」，段首強調「我的優點」、「我的缺點」，似乎有些差距。
3. 許多句子沒有標點。
4. 將原文色字刪掉即可。

40 膚淺句型不要有(四)

原文

題目／我與別人大不同　段落／第三段　學校／新莊高中　作者／隆閔涵

我與別人有異，我的嗓音沙啞獨特，能夠讓我的親友們「只聞其聲，便知來者何人」；我的個性活潑、喜愛熱鬧，但卻怕生，雖然許多人也是此種性格，可我卻比他們多了些自我特色；我卻也常冒犯別人，因爲自己的口無遮攔，使我掉入了難脫身的困境中。綜合以上的項目，有些與他人雷同；有些卻又如天壤之別，因爲這樣的取捨，才會有今天如此特別又唯一的我。（162字）

解釋

原文色字，可換句話說。

改寫

這些優缺互見的特質，有些與他人雷同，有些卻又如天壤之別，當它們匯集於此，才形塑了今天如此特別又唯一的我。

41 膚淺句型不要有(五)

可參看《作文課後》CH2〈05 不要以冗贅的泛泛之論開頭〉。

原文

題目／我與別人大不同　段落／節錄第二段　學校／新莊高中　作者／詹皓宇

每個人都有自己的特質，我發現自己的特質是擅於交朋友，無論是打球的朋友、讀書的朋友、玩樂的朋友，每個朋友和我在一起的時候都感到開心。我也喜歡和較內向的朋友聊聊天，希望他能和我們一起玩……（90字）

解釋

1. 列舉名詞的詞句，以精簡爲要。
2. 改寫也將〈蘭亭集序〉的句子寫入。

改寫

每個人的特質殊異、靜躁不同，開朗的我，擅於結交朋友，不論打球、讀書、旅行，都有不一樣的陪伴，但相同的是，他們在我身邊總能開心暢懷。我也愛與內向的朋友攀談，希望他也能融入我們……（86字）

42 膚淺句型不要有(六)

原文

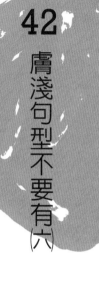

題目／我與別人大不同　段落／第五段　學校／新莊高中　作者／錢耀葳

跟他人的不同，有時是好的，有時卻也是壞的。好的就加以展現，讓眾人知道，並且學習；壞的就加以改善，學習他人在這方面的優點。（60字）

解釋

1. 有時……有時……，若後面僅接「□的，□□的」，也會讓人感覺膚淺馬虎。
   (1) 有時快樂的，有時難過的
   →有時興奮雀躍，有時卻神傷哀嘆
   (2) 有時美的，有時醜的
   →有時繁盛美麗，有時衰陋怪醜
   →時美時陋、美醜互現
2. 描述時，不要僅用字面上的正反對比，而要明確地運用意義上的對比
   (1) 好的、壞的←→質優、缺陷

(2) 公平的、不公平的←→公平、偏私

(3) 幸運的、不幸運的←→幸運、悲慘

改寫

這些特質，有的正向積極，我們便該勇於展現，進而促成社會的進步；有的卑劣褊狹，我們更該修正改善，努力使自己成爲一個更好的人。（61字）

43 膚淺句型不要有(七)

原文

題目／我與別人大不同　段落／第一段　學校／新莊高中　作者／蔡仕軒

人從出生就與生具有不同的特質，有的人高，有的人矮，有的人健談，有的人內向，那哪些是我有而你所沒有的？（50字）

解釋

1. 「有的人□，有的人□」，只有□裡的形容狀態才是重點。其他贅詞過多，顯得膚淺。
2. 改用「或□或□」精簡之。

改寫

與生俱來，每個人的特質互異，或高或矮，或健談或內向。走在成長的路上，我也一直在思考，自己的特色與專長究竟爲何？（55字）

44 膚淺句型不要有(八)

原文

題目／最美麗的聲音　段落／第一段　學校／新莊高中　作者／陳姵宇

廣義來說，最美麗的聲音應該就是自己覺得舒服、動人的聲音吧！狹義來說，有的人卻覺得要閉起雙眼、用心聆聽，才能感受到最美麗的聲音。（63字）

解釋

1. 把廣義、狹義刪去，讀者也能細辨其中範圍之差異。
2. 若留存廣義、狹義之語，後面所剖析的原因卻淺顯不深入，且無明顯的廣義、狹義之別，更覺突兀。
3. 文章應該有我，作者提及了廣義、狹義，卻沒有說明何者是他自己認爲的定義。

改寫

什麼是美麗的聲音呢？有人這樣問過我。我說，舒服而動聽，讓人沉吟低迴的，定是極其美麗吧！游走於俗世紅塵，我常閉眼靜默，體察周遭的聲響與節奏，大至雷鳴，小如蟲語，都有它們獨特而溫柔的情韻。（92字）

45 膚淺句型不要有(九)

原文

題目／人間風景　段落／節錄第三段　學校／新莊高中　作者／陳姵宇

我是沒有爬過像玉山那麼高的山的經驗，但我有爬過柴山，雖然不高但卻足已足夠讓我吃盡苦頭。假日沒事做的時候，老是喜歡懶洋洋躺在沙發上看電視……（67字）

解釋

1. 不要用簡單的「沒有……有……」的句型。
2. 「有」後面不要接動詞，否則變成臺灣國語。如：我有吃飯、我有喜歡你。

改寫

我不曾登臨高聳入雲的玉山，因為住家附近柴山雖不陡峭，卻已令我吃盡苦頭。（35字）

46 標點符號不要一逗到底

可參看 CH2〈17 層次之間、例子之間，請用正確的標點分隔〉。

原文

題目／舞臺　段落／第二段　學校／新莊高中　作者／紀景云

人都需要一個屬於自己的舞臺，都想要在舞臺上展現自己，攫獲他人的目光，然而登上舞臺前，總是要付出極大的努力，貝多芬雖殘疾，卻仍努力不輟地創作出一首首傳唱千古的經典名曲，在名為音樂的舞臺上，他依舊傲然地接受後人的掌聲，天生我才必有用，人若放對了舞臺，人人都可以是天才，劉邦原先只是個地痞無賴，卻因為推翻秦王，打敗項羽而建立漢朝，因為他找到了自己的舞臺。（174字）

解釋

千萬不要一逗到底，除了凸顯自己的貧乏，沒有層次的區別，更造成閱讀的困難。

改寫

人都需要一個屬於自己的舞臺，展現自己，攫獲他人的目光，但登臺前付出的努力，絕非常人能想像。貝多芬雖身患殘疾，卻仍努力不輟地創作出一首首傳唱千古的經典名曲，在名爲音樂的舞臺上，他依舊傲然地接受後人的掌聲。天生我才必有用，若放對了舞臺，人人都可以是天才，像是劉邦原先只是個地痞無賴，卻因爲抗秦滅項的舉措，爲自己找到了歷史舞臺的定位。（164字）

47 關於標點符號的問題

原文

1. 在這快速節奏的社會，我們往往失去了「發現」周遭美麗事物的能力。
2. 這讓我每天都抱著快樂的心情踏上回家的路。
3. 直到讀了張愛玲的作品「紅玫瑰與白玫瑰」。
4. 〈老殘遊記〉中小玉的歌聲百轉千迴，彷佛能蜿蜒曲折，直上雲端。
5. 腦中突然閃過了一個驚嘆號，「在我眼中，我似乎看不見別人了」，一時喜出望外，但又感到羞愧……
6. 那既微小而複雜的聲音便是家中玄關處時有的—開門聲。
7. 親人的回答令我驚愕：「這是所有人夢想的舞臺，你怎麼卻想逃避呢？」
8. 一次颱風天爸爸正好從外地回到家。那天的強風豪雨、閃電交加，因海水倒灌，水把我們家一樓硬生生占爲己有，不論汽車、家具、電視……等，全都化爲烏有。

解釋

1. 引號方向錯誤。
2. 句號寫在最末一格之外。
3. 請用書名號。
4. 《老殘遊記》爲書名，應用《》符號；〈〉爲篇章名所使用。
5. 引述話語時，冒號、引號、句號爲基本符號。有時引號可省略。
6. 破折號須占兩格。
7. 冒號與上引號（或國字與上引號），句點與下引號不能同擠一格。
8. 刪節號應占兩格六點，且此標點即有「許多」之意，不可與「等等、等」重複連用。

改寫

1. 在這快速節奏的社會，我們往往失去了「發現」周遭美麗事物的能力。
2. 這讓我每天都抱著快樂的心情踏上歸途。
3. 直到讀了張愛玲的作品〈紅玫瑰與白玫瑰〉。

4. 《老殘遊記》中小玉的歌聲百轉千迴，彷彿能蜿蜒曲折，直上雲端。

5. 腦中突然閃過了一個驚嘆號：「在我眼中，我似乎看不見別人了！」一時喜出望外，但又感到羞愧……

6. 那既微小而複雜的聲音便是家中玄關處時有的——開門聲。

7. 親人的回答令我驚愕：「這是所有人夢想的舞臺，你怎麼卻想逃避呢？」

8. 一次颱風天爸爸正好從外地回到家。那天強風豪雨、閃電交加，因海水倒灌，水把我們家一樓硬生生占爲己有，不論汽車、家具、電視等，全都化爲烏有。

Chapter 2

關於修辭，要注意的是

01 舉例要簡單扼要，為人熟知之例精簡為佳(一)

原文

題目／如果當時　段落／第三段　學校／新莊高中　作者／張瑜倩

在歷史上，有許多令人覺得惋惜的事，一切如果重頭來過，是否會重新再改寫歷史？像是楚漢相爭看似失敗的項羽，如果當時他能嚥著最後一口氣返回江東重整軍隊，捲土重來，沒有因無顏見江東父老而自刎烏江，說不定長達三百多年國勢強盛的漢朝會由項羽當上開國皇帝，帶領一個更加強大的世界帝國。清世宗乾隆如果當時沒有以天朝自居而禁教，拒絕與外國接觸而錯過能促使中國進步發展工業的良機，說不定受過工業革命洗禮後的中國會是十九、二十世紀國力強大的國家，之後上百場的戰爭也可避免，將近一百年的不平等條約也不須再履行。（242字）

解釋

若舉爲人熟知的例子，字數越精簡越好。讀者不是要從你的文字中得到詳盡資訊，而是要看你如何運用事例，闡發文章意旨。

改寫

歷史諸事，令人慨嘆者幾多？如果能時光溯返，重新抉擇，結局是否截然不同？項羽兵敗烏江，憤恨自刎，若返江東整兵待時，天下權柄落於誰手，仍未可知；乾隆恃傲，禁絕與洋教互動，坐失吸收工業革命養分的契機，若當時中國能研探西學，乘勢而起，清朝也無須忍受割地賠款的恥辱。（128字）

02 舉例要簡單扼要，為人熟知之例精簡為佳(二)

原文

題目／發現自己的不完美　段落／第二段

學校／新莊高中　作者／楊易欣

楊恩典是一位臺灣的口足畫家。她年幼時因無雙手，雙腳長短不一且胸腔嚴重變形，孱弱的身軀甚至已被醫生評論未來要將它做爲人型標本。經媒體報導後，楊揖牧師把她抱回育幼院領養。當她三歲時，有天蔣經國總統先生見到她，她居然天眞地炫耀她沒有手的缺陷，卻沒有想到蔣總統告訴她說：「妳沒有手，但妳還有腳，還可以做很多事。」這幾句話徹底改變了她的一生，她開始利用腳吃飯、洗臉、刷牙，利用彈鋼琴來訓練腳趾的力道以及靈活度，日常簡單的瑣事卻用了更多倍的時間來練習，因爲她的毅力以及耐性，才造就了今日的口足畫家——楊恩典。「雖然我沒有雙手可以擁抱這世界，但仍可以用心擁抱生命中的每一分鐘。」這是楊恩典在接受訪問時曾道出的一番話，因爲有她天生的不完美，才造就了她現在精采的一生。（325字）

解釋

1. 題目是「自己的」不完美，卻用了超過一半的篇幅寫「別人的」不完美。
2. 爲人所熟知的「他例」，勿寫太多，盡顯寫者思想之單薄，造成讀者閱讀之難耐。

改寫

楊恩典自小身體殘缺，生長路乖舛險釁，雖然樂觀向上，卻也無甚表現。直至蔣經國總統鼓勵她，要善用自己的一雙腳，她才豁然開朗，嘗試用腳來處理各種生活瑣事，最後甚至拿起畫筆，開始揮灑出屬於自己的彩色人生。倘若她沒有正視自己的不完美，或許仍只是一個渺小的肢障朋友吧！（128字）

我也是個不甚完美的女孩，脾氣略顯暴躁，路見不平，總是直言相斥，不留任何顏面，同學總奉我爲大姊之尊。原以爲這是灑脫自然的豪爽，也以爲大家的配合是來自對我的崇敬。直到那日，聽見眾人的紛議中傷，才知道這是目中無人的狂傲，別人的退讓也僅是敢怒不敢言的表現。

當我察覺這種傷己傷人的舉止，便決定要去修正它。我不再對別人頤指氣使，也懂得顧及對方的尊嚴，有需要我幫忙的地方，我也樂於服務。一開始，大家仍有些遲疑，甚至微微地譏刺，但後來卻也欣然接受這樣的改變。其中甘苦，難以盡言，只能說要扭轉別人的印象，更要付出千倍的努力才得以成功。（258字）

03 舉例要簡單扼要，為人熟知之例精簡為佳(三)

原文

題目／逆境　段落／全　學校／新莊高中　作者／李婆儀

逆境在大家看來或許不是一件好事，但是其實並非如此，如果不被逆境拘束，反而努力克服它，逆境也可以成爲一種轉機。

西漢的著名學者匡衡，出身於農民家庭，生活十分貧困。他從小就很渴望讀書，但是到了晚上由於家中窮得連燈油也沒有，根本沒法點燈讀書。於是他便用鑿子把牆壁的小縫挖大成一個小洞讓鄰居的燈光能透過來，然後捧著書，倚在牆邊，利用那點微弱的光線閱讀。從此，匡衡每晚就借鄰居的燈光，埋首苦讀，最後成爲了著名的學者。戰國時的謀略家蘇秦，年輕時曾四處游說各國君主，希望能夠得到一官半職。然而，他得不到任何一個君主的賞識，於是下定決心，好好讀書，增進自己的學問。蘇秦日夜埋首讀書，爲了驅除睡意，便將一把錐子放在身邊。每當自己昏昏欲睡時，便拿起錐子刺向自己的大腿，再次提起精神讀書。最後蘇秦終於學有所成，再四處游說各國君主，更得到各國君主的重用。居里夫人小時候母親就患了肺病，使得家中積蓄都快用光了。接著她的三姊得了傷寒死了，不到兩年，她媽媽也跟著去世。家中接二連三的變故，卻使得她變得更早熟。上大學之後，成績不好，於是她把所有的閒暇時間，都花在圖書館裡，憑著精確的頭腦、清晰的思維和堅強的意志，她的成績慢慢地進步了，最後順利拿到了物理學碩士學位。

這些人都不因爲自己的不幸而一蹶不振，他們用堅定的意志力走出逆境並且闖出一片自己的天空。（558字）

解釋

1. 爲人熟知之例，簡單兩句帶過即可。
2. 原文可濃縮爲一段：引言＋舉多例＋結論。

改寫

有人將逆境視爲厄運，但事實上，逆境卻是使人蛻變成長的轉機。西漢匡衡，家境貧困，爲能汲取典籍智慧，鑿壁引光，後成大儒；戰國蘇秦，無人賞識，故而懸樑刺股，最終縱橫六國，相印佩身；居里夫人，親人迭死，境遇多舛，轉而埋首苦讀，戮力研究，成果卓越非凡。他們不因突來的逆境而一蹶不振，反而以之爲基石，成就了自己的高度。（153字）

04 舉例要多面向，不可單一

原文

題目／忍耐的工夫　段落／第二、三段　學校／新莊高中　作者／纪景云

綜觀三國時期，名氣高於司馬懿的人不計其數，奸詐狡猾的曹操、德高望重的劉備，抑或是才華洋溢的孫權，這些人名氣雖大，一統中國的卻是司馬炎。當年司馬懿忍下和曹操不共戴天之仇，一步一步地向上攀升，掌握曹魏大權，更鯨吞蠶食了曹家的勢力，雖未能稱王，卻也奠定了日後司馬炎的晉王朝。因為忍耐，讓司馬懿成為了真正的贏家。

回顧歷史，總有因耐不住性子而失敗的例子。關羽敗走麥城，為孫權所殺，劉備正因忍不下殺弟之仇，聽從諸葛亮之計領兵伐魏，或許歷史將被改寫。（218字）

解釋

1. 兩個段落皆舉三國史蹟，有些單薄，且為人所熟知，其實無須以兩個段落書寫。
2. 舉例應有古、今、中、外、己、優、劣等不同性質之例穿插較好。

3. 通俗之例，建議以多例排比的方式表現。詳見改寫。

改寫

韓信呑忍胯下奇辱，登壇拜將，終成開漢之功；相如相忍爲國，寬宥廉頗，遂得智勇之名；司馬懿隱忍曹操氣焰，避鋒潛升，暗埋興晉之機。忍耐，是爲爭得春秋，其間不僅忍得住沉潛無聞的寂寞，還要保持奮發不懈的鬥志，十年磨一利劍。也有人因一時之憤，輕用其鋒，強自取柱，迫使自己進退維谷，甚或身折命亡，像是自刎烏江的項羽，孤高不群的屈原，皆是如此。他們以爲忍耐是懦弱，退讓爲逃避，以爲奮力頑抗方顯生存的意義，卻鑄成了悲哀的結局。（204字）

05 單寫一例，深度不足

原文㈠

題目／舞臺　段落／全　學校／新莊高中　作者／陳庭安

在化妝室梳妝、打理、練習，一切都準備就緒，走進後臺，音樂、燈效、掌聲，她將以最轟動的出場讓觀眾都爲她瘋狂；三十分鐘不間斷地演出，她要讓全場的觀眾尖叫聲不斷；更厲害的結束讓觀眾大喊：「安可。」每次演出盡是如此，她是獨一無二的女神卡卡。

無論是上頒獎典禮、MV，或是演唱會的舞臺上，女神卡卡總是會以身著舉世震驚的服飾、魅力四射的舞蹈和渾厚洪亮的歌聲，讓現場嘉賓都要感受到她的丰采，而舞臺彷彿是她的第二生命，從底下慢慢浮上來，到從天花板垂降而下，讓觀眾對表演有不一樣的定義。

然而在這炫麗舞臺的背後總是有許多不爲人知的辛酸血淚，一開始從吧檯的小舞臺，爲了吸引目光不得寬衣解帶，到走上出名之後的大舞臺，爲了搏取新聞版面竟不惜穿上生肉裝，而在演出時，滑倒、跌倒、昏倒，她依舊努力不懈地將整場表演唱到最後，可見在走下臺時，她的努力付出、她的堅忍不拔、她的龐大勇氣，絕對是我們平常人無法並駕齊驅的。

勇氣、毅力、付出，成了女神卡卡登上國際舞臺不可或缺的要素，而我也要利用這一切讓自己有一天登上世界舞臺，讓全場觀眾都要對我刮目相看，爲我歡呼喝采。（460字）

原文(二)

題目／舞臺　段落／全　學校／新莊高中　作者／何健銘

有人說：「臺上一分鐘，臺下十年功。」當鎂光燈灑落，便是表演者展現完美的時刻了。可是，又有誰會深究，舞臺上看似容易的演出，背後是經歷了多少風霜的淬煉？在眾人的訕笑之下，是誰拭淨了汗水與淚水，努力不懈成爲翹楚？

全方位的音樂人周杰倫舉世聞名，不僅在歌壇歷久不衰，近年更是跨足了電影事業，展現他不凡的才華。但不爲大眾所諳的是，在他尚未在演藝圈取得一席之地前，他是一個僅有高中學歷，個性又比較內向的人。幸運的是，他自童稚時便開始踏上音樂這條路，再加上之後的努力，讓他有機會遇到吳宗憲這位伯樂。但吳宗憲給了他一個嚴峻的考驗，要他在五天內創作一百首歌曲，唯有如此才願爲他發片，而他也不負期待地完成了。這讓吳宗憲相當驚訝，也依約從中挑出十首。於是，他的首張專輯便問世了。

他的路並不順遂，曲風被批「了無新意」，唱腔遭譏「咬字不清」，使他相當挫折。但這些批判並沒有使他退縮，反而是越挫越勇，努力嘗試不同的風格，他認爲，這不是在迎合別人，而是超越自己。在我眼中，周杰倫肯定是在舞臺上最耀眼的，原因不僅僅在於他的成就，最重要的是他踏上舞臺的過程是何等的艱辛，也因爲如此，他所站上的舞臺比其他人要來得高。

也許他不是最優秀的歌手，但在我眼中，他比誰都要匹配那個舞臺，那個他自己築的舞臺。（529字）

解釋

1. 原文㈠單寫卡卡，且敘述淺淡，多有冗字。
2. 原文㈡單寫周杰倫，文筆較好，但敘事亦有贅處。
3. 但是文章應以「表達作者經驗與想法」爲主，通篇描述他例有偏題之嫌，不僅較於淺薄，且容易反覆單說一意。
4. 或許在國中寫作測驗，只要文筆流暢仍可得六級分，但在高中歷屆的大考範文卻極爲少見。僅於〈應變〉第七篇，見到通篇以「柯麥隆」爲主的文章，但其中仍穿插一段多例排比。
5. 改寫時，擷取原文㈠卡卡變化萬端的舞臺魅力，略去她的努力過程；擷取原文㈡周杰倫的努力，略去他與吳宗憲的約定；並加入自己的經驗。

改寫

舞臺上，表演者展現驚人藝業，鎂光燈爍閃，鼓掌聲不息。可是，又有誰會深究，臺上看似輕描淡寫的演出，背後經歷了多少的訕笑？是怎樣的執著與勇敢，才能在拭淨了汗滴與淚水後，將自己琢磨成一顆閃亮明星？

舞臺，是累積後的燃燒，沉潛後的躍起。周杰倫的成名，並非一朝一夕之故，十數年的習琴、創作、打工，爲他儲備了豐厚的能量，匠心獨運地將流行與古典、中國和西洋鎔鑄成曲，果然引領風騷。其後，或許他有了高處不勝寒之感，所以努力地不讓自己的舞臺變得孤危，跨足影壇，導戲、演出俱有佳績。他的努力與堅持，已爲他掙下了一席之地。

舞臺，對女神卡卡來說，彷佛是個遊戲場，遁地飛天，衣著華麗驚人，給予觀眾不同以往的視覺享受，也爲自己設下不斷超越的標竿。有些人認爲她譁眾，事實上她的舉措都有獨特意涵。穿上生肉裝勉人要爲己爭取權益，否則便和死肉無異；胸部噴燃火焰，則是嘲諷女性性徵被當作武器。舞臺成爲她向全世界發聲的管道，所立者高，而音聲自彰。

而我則把舞臺視作目標與夢想，期許自己有朝一日，能坐在巨大的鋼琴前，敲打著琴鍵，讓音符與旋律迴繞在觀眾身邊，平撫煩躁，激引喜樂。在舞臺上，眾弦俱寂，我將是唯一的高音。

每個人都該有自己的一個舞臺，用以發掘自己、展現自己、證明自己。我相信它並非是難以企及的巔頂，只要我們願意認眞踏實，一階一階的前往。（548字）

06 他例篇幅比己例多

原文

題目／一步一腳印　段落／第二、三段　學校／新莊高中　作者／陳冠宏

原本在臺中后里的后綜高中是一間沒沒無聞的學校，但因爲這次的HBL讓他們一夕爆紅，我在一次無意間不小心轉到一個節目，剛好就是介紹后綜高中這個球隊，他們原本是個面臨解散的球隊，但在教練的堅持之下，發掘到了一批潛力十足的小孩子，雖然他們根本沒打過籃球，可是卻比任何人都願意學習，他們學校沒有室內場地，所以每天都在太陽底下練球，就這樣日復一日地練習，在今年他們證明給全國的人看到，誰說只有傳統強隊能贏球，我覺得他們這次的成功並非偶然，而是再一次地說明苦練後會得到成果。（228字）

反觀我自己在做事方面，總是糊裡糊塗的，就是缺乏了他們的那種態度。或許我每次都會覺得做事何必這麼認眞，偷懶一下又沒關係，但在我看完后綜高中的報導後，我更相信一步一腳印才是成功的根本關鍵。希望在一年後的學測，我也能一步一步地把它完成。（115字）

解釋

1. 己例比他例重要，因爲更能表現出你自己的生活體悟。
2. 己例敘事未必要鉅細靡遺，但其中心態的轉折與想法一定要寫出來。
3. 他例敘事絕不能拖泥帶水，若要寫長，請一定要展現你的敘事技巧。若否，請藏拙，以多例排比來寫作。
4. 本文第二段只用逗點斷句，不妥。造成敘事沒有停頓。第三段的己例，則草草帶過，造成己例比他例薄弱。

07 舉例長短不均，失卻齊整之美

原文

題目／舞臺　段落／第二段　學校／新莊高中　作者／周家賢

著名的舞蹈家林懷民在國際間享有盛名，但在當初，他為了登上舞臺，不顧家庭的反對，更漂洋過海，在國外苦練舞蹈技術多年，才能有今日的成就。（66字）王羲之為學習書法，能將一池水染黑，就因為這般努力，他為中國書法使開啓了璀璨的一頁。（41字）

解釋

1. 舉例若能以整齊的方式出現，更添力道。
2. 如原文林懷民、王羲之兩例，若都能以「□□□，為了□□，（而做出了某種努力），（得到了某種成果）。」的方式寫出，效果會更好。如改寫㈠。
3. 多例排比的安排，建議以三例為基準，排列如下：

(1) 他例（短）＋他例（短）＋他例（短）。

(1) 他例（短）＋他例（短）＋己例（長）。

4. 原文的第二段內容，似乎與舞臺關聯不深，宜改之。如改寫(二)。

改寫

(一)將原文改為形式整齊的三例

舞蹈家林懷民，爲了夢想而展肢起舞，赴美習藝，爲雲霧迷茫中的臺灣，開啓一道藝術之門；書法家王羲之，爲了興趣而運筆弄墨，池水盡黑，爲浩渺無邊的書道，闢出難以踰越的顚峰；縱橫家蘇秦，爲了揚名而倡議合縱，六國拜相，爲紊亂失序的世局，創造一個嶄新契機。（121字）

(二)將原文改為符合題目〈舞臺〉的內容

每個人都該尋得自己獨一無二的舞臺，才有發光發熱的可能。林懷民的舞臺，是能展肢起舞的藝界；王羲之的舞臺，是筆墨淋漓的紙軸；蘇秦的舞臺，則是機謀百出的政局。若他們無法理解自我的使命，步上了錯誤的舞臺，我想，這幾個閃耀的姓名，必定生塵無光。（117字）

08 莫用讀書考試為例

原文

題目／危機就是轉機　段落／第二、三段　學校／新莊高中　作者／趙子磊

從國小階段，社會科就一直困擾著我，各科成績在班上皆是名列前茅，唯獨社會將總平均拖垮。到了國中，這個障礙仍然困擾著我，平時考社會科成績都在及格邊緣上下擺盪，而段考頂多維持在七十分以上，雖然有及格，但是就全班而言，只能排在後半段。更令人擔憂的是，基測將近，段考社會成績是不停下降，這使我越來越沒有信心再去面對社會科。

眼看大考一天天地逼近，倒數用的日曆越來越薄，成績隨著日子的減少也越來越低，此時，腦裡劃過一道光線，心中浮現一個想法：爲何不花上一個週末，爲大考社會科做足準備呢？於是便挑了個週末，整天待在圖書館，心無旁鶩只讀社會一科。

解釋

1. 讀書考試是學生每天生活的全部→多數人最愛以之取材，老師會覺得平庸且無聊。

2. 讀書考試是學生最難擺脫的夢魘→所以寫不出情感（除非是厭惡的情感）。
3. 讀書考試是那麼地淺薄→所以很難探討出深刻的意涵。
4. 思考自己，在讀書考試之外，有沒有其他的活動經歷、興趣？

原文

09 盡量避寫愛情

題目／最好的時光　段落／第二段　學校／新莊高中　作者／陳冠宏

國中的我，是一個學業優異的學生，在同學的眼中，我是一個品學兼優的人。某一天我和同學在走廊上聊天的時候，突然我聞到了一陣香味撲鼻而來，我回頭一看，在那一刻我好像被電到一樣，雙眼痴痴地望著她，那時候我終於明白什麼叫作一見鍾情。在經過同學的確認之後，她原來是在樓上班級的一個女生。那天，上課的時候我都在回想那令我難以忘記的畫面，我也第一次感受到戀愛的感覺，但那時童眞的我不敢跟任何人說，只是一個人偷偷地在心裡喜歡。而在那次之後我再也沒有機會看到她，直到有一天，我去新補習班上課，老師幫我安排座位後，我轉頭一看，旁邊的人怎麼那麼眼熟，她身上散發出來的味道，我好像在哪聞過，在我腦海中想了一下，突然間我想起來了，原來就是她。在經過幾堂課後我終於找她講話了，但她用了幾句話把我回絕。（335字）

解釋

1. 避寫愛情，並不是因爲閱卷老師「假道德」的緣故，愛的本質，的確是美好動人的。問題是在大部分學生寫到愛情，因爲情緒易浮，文筆不佳，往往在敘事方面，表現得過於主觀、一廂情願、瑣瑣碎碎，專注在愛情的表象刻畫，而忽略了提及自己的省悟。
2. 原文敘事爲單相思，雙方沒有互動，狀繪不出美好的感覺。
3. 單一段落便用了335字，造成整篇文章結構失衡。

改寫

國中時，情竇初萌，開始懂得欣賞身旁的漂亮女孩，尤其是補習班的一名女孩，短髮俏麗，聲音甜軟，更攫住我的目光。坐在後頭的我，注意力總不自覺移轉到她身上，數算那烏亮的髮絲，凝視面龐邊側最美麗的拋物線。初始，我只敢偷偷地愛慕，記取她的一顰一笑，直至見她因難題而無措，主動爲之解惑，幾次之後，她便慣常轉頭向我請教，有時也會閒聊起來。關於她的一切，我都愛聽。

那段時日，的確是過得愜意而美好，升學的枯燥與煩悶，都讓這粉色的浪漫給柔軟了。往往一放學，便向補習班衝去，在路途中逡巡徘徊，希望能製造偶遇的機會。有時如願以償，與她並肩共行，我幾乎以爲這便是天堂了。一個學期即將過去，趁著聖誕我向她吐露了我的心跡，她只回了一句謝謝，什麼也沒有應允。那夜，也是我最後一次看見她對我的微笑，她再也不曾轉過頭來問問題了。記得走路回家時，我沒有哭泣，不管她的選擇爲何，至少她的那句謝謝，尊重了我愛戀她的自由。（388字）

10 莫舉政治為例

原文(一)

題目／永恆　段落／第二段節錄　學校／新莊高中　作者／何健銘

除了自然界之外，我們人的社會更是無常，難以捉摸，像是生命，不論這一生中立下多少豐功偉業，最終還是得面臨生命的告終；像是權勢，曾達成首次政黨輪替的前總統陳水扁先生，卻因任內期間的收賄行爲，導致卸任後即遭司法制裁，淪爲階下囚。（111字）

原文(二)

題目／心中有話想對你說　段落／第一段　學校／新莊高中　作者／陳誼丞

身爲一個國家的最高領導者，你居然沒有盡到自己的本分，底下的官員一個個貪汙被收押，而你的民調又低到谷底，之前你底下的官員被一位大學生指責是一位僞善的部長，今天，我相信在臺灣人民的心中，都已經有了一樣的想法，你是一個僞善的總統，你是一個不知廉恥的總統。

解釋

1. 莫以政黨材料入文，除了容易淪為口水謾罵，作者與閱卷老師合拍則已，若各執己見，恐怕分數並不會太高。
2. 切莫指名道姓、有明顯立場。若眞要提及，也應中性地、正向地、隱晦地，點到為止即可。或是請將個案變成通例。請比較原文㈠與改寫的色字。
3. 原文㈡敘事過於直接，已無法挽救，建議另覓題材。

改寫

自然景象瞬息萬變，人世起伏更顯倏忽無序。身強體健的少年，仍然會被死神所攫獲；權傾一時的高官，下野後或成階下之囚；青絲瞬白，金銀驟散，永恆恍若神話。（73字）

11 拋棄陳年舊例

原文

題目／經驗是最好的老師　段落／第二段　學校／新莊高中　作者／何健銘

我們的國父孫文先生，一生致力於打倒清朝腐敗的帝制，爲此發動了十次革命卻無功而返，但他並沒有因而退縮，反而在第十一次的革命成功推翻滿清；發明之王愛迪生嘗試了兩千多種材料，最後終於發明了鎢絲燈泡。有人問他：「失敗了兩千多次，爲什麼還不放棄？」他卻一派輕鬆地回答：「至少我發現有兩千多種材料不能當作燈絲。」三國時期，蜀漢昭烈帝劉備求賢若渴，親自拜訪臥龍先生諸葛亮，卻屢屢碰壁，關、張二人都勸他不要再等了，他卻一心一意希冀諸葛亮的輔佐。就在他們第三度登門拜見之時，諸葛亮也被劉備的誠意打動，便答應跟隨蜀漢打天下，使劉備如魚得水，在分裂的時代占有一席之地。（271字）

解釋

1. 盡量不要用的例子有兩種：

(1) 陳年舊例：國父、愛迪生、貝多芬、華盛頓、諸葛亮、鄭豐喜……

(2) 近期被大量使用：陳樹菊、王建民、吳寶春、賈伯斯……

(3) 若不得已使用，也不要像原文占那麼大篇幅。如改寫(一)，簡略帶過即可。

2. 建立自己的舉例資料庫：

(1) 從報章雜誌，蒐集最新的代表典範。

如：許超彥（機器人醫生）、蕭青陽（唱片包裝）、馬彼得（原童合唱）、楊志朗（推動閱讀）。

(2) 能從不同方向，剖析常見之例。

如：不寫吳寶春麵包冠軍事例，而寫其EMBA的求學事件（用在學習類的作文），或製作「陳無嫌鳳梨酥」的感念母恩。（用在孝順類的作文）

(3) 引課文的人例、句例。

3. 原文的引例，亦有謬誤。只有愛迪生一例，有涉及「經驗」，其他兩例，作者只寫出了「堅持」之意。

改寫

(一)將舊例濃縮

國父屢敗屢戰，直至革命功成；愛迪生苦試千材，方能燃亮黑暗；劉備爲復漢室，三顧茅廬。（41字）

(二)使用尚未浮濫的例子

明日黃花，秋扇見捐，過時陳舊的事物，瞬間變得廉價，被人輕棄。唯有經驗，萬金難買，歷久而彌新，每個人都可以從過往的經驗中，領會生命的諭示。戴勝益從創業的經驗中，明白成功來自奮鬥，故而不願兒女接班，令他們找尋自己的生存之道；超馬媽媽邱淑容從截肢的經驗中，知曉過度的逞強，可能帶來無可挽回的傷害；齊柏林從空拍臺灣的經驗中，驚覺人類的巧取豪奪，貪婪與無知。（174字）

12 不要死板地引用名言

原文

題目／一步一腳印　段落／第一、二、三段　學校／新莊高中　作者／沈昀萱

《戰國策．秦策四》：「積薄而爲厚，聚少而爲多。」人生的道路遠觀不過幾十年，近看則無奈眼前的路阻且長。有的人善於投機取巧地完成事情，總是急於速成，甚至罔顧過程中的小細節，終至功敗垂成；有的人堅持腳踏實地地完成事情，總是步步爲營，甚至以慢工來出細活，終於得遂己願。

《墨子．親士》：「江河之水，非一源之水也；千鎰之裘，非一狐之白也。」從小，在所有人的眼中，經常神經大條的我就不是個能成大事情的人，但是一旦靜下心來做，我便能很有耐心地完成有興趣的事，即使一步一步地做的過程十分無趣煩悶，我仍能滴滴細漑。

《荀子．勸學篇》：「積土成山，風雨興焉；積水成淵，蛟龍生焉。」烘焙是我的興趣，同時也是一項非常需要耐心和慢工的工作……（306字）

解釋

1. 引用最好的方式，是化用，無形跡地融入你的行文中，甚至連引號也可省略。
2. 原文的引用，極爲僵化，依序將出處、名言，置於每段首句，無甚變化，且無法通順銜接下文。
3. 第三段的名言，篇名引用錯誤是大忌。
4. 原文的引用，過於冷僻。引用名言，盡可能以常見、好應用的爲主，反覆使用才能加強記憶，便於考試時援引。

改寫

人生的道路遠觀不過幾十年，近看則無奈眼前的路阻且長。有的人善於投機取巧地完成事情，總是急於速成，甚至罔顧過程中的小細節，終至功敗垂成；有的人堅持腳踏實地地完成事情，總是步步爲營，慢工來出細活，積薄爲厚，聚少成多，終於得遂己願。

從小，在所有人的眼中，神經大條的我絕不是個能成大事情的人，但是我卻清楚明白，江河之水，非一源能成，對於有感興趣的物事，即使一步一步地做的過程十分無趣煩悶，我仍能滴滴細溉，將之培育成苗。如同烘焙，是我自幼養成的興趣，同時也是一項非常需要耐心和慢工的工作……（240字）

13 引用莫引冷僻文句

原文

題目／專注的力量　段落／第一段　學校／新莊高中　作者／沈昀萱

飛鷹將目光投射在獵物上，屏氣凝神地等待機會；老木匠將雕刻刀緊握手中，聚精會神地雕刻修飾；母親將襁褓摟在懷裡，專心致志地疼惜保護。《列子・皇帝》：「而後眼如耳，耳如鼻，鼻如口，無不同也。心凝形釋，骨肉都融。」可見專注的力量是何其之大啊！（86字）

解釋

所引《列子》文句，大部分學生並未讀過。我們大膽假設，這應是作者爲了引用，而刻意搜尋出的文句。但，她眞理解了嗎？她眞的心有所感嗎？下次她還懂得運用嗎？

14 引號略去，讓文句流暢，更有整體性

原文

題目／知足　段落／第一段　學校／新莊高中　作者／王悅真

「知足的人，永遠不會窮；不知足的人，永遠不會富有。」人往往因貪婪而不斷地求取名利，殊不知歲月在汲汲營營、盲目的競逐下悄悄流逝，爲此也喪失了平淡的眞諦。（75字）

解釋

1. 引號應用於「要強調重點的地方」。
2. 若語意暢達，其實可將引號略去，讀之較無窒礙。可視爲暗用或化用。

改寫

知足的人，永遠不會困窮；不知足的人，始終難以富有。人往往因貪婪而不斷地求取名利，殊不知歲月在汲汲營營、盲目的競逐下悄悄流逝，爲此也喪失了平淡的眞諦。（74字）

15 思考詩句置於何處，詞意才會暢達

原文

題目／雨季的故事　段落／第一段　學校／新莊高中　作者／李冠儀

聽，窗外的雨聲，滴答滴答。生在溫暖的南臺灣，一年中總有這濕濕的雨季。看著窗外的毛毛細雨，照著雨幕的世界多了點距離。坐在屋內，把自己埋進沙發裡，翻著去年的日記，嘆，悲歡離合總無情，一任階前點滴到天明。（99字）

解釋

詞句「悲歡離合總無情，一任階前點滴到天明。」應放在雨景之後，意義方順。因看見雨景，所以有了悲歡離合總無情的感觸。原文將它置於「翻閱日記」後，有些奇怪。

改寫

聽，窗外的雨聲，滴答滴答。生在溫暖的南國，一年中總免不了經歷這濕濕的雨季。坐在屋內，把自己埋進沙發裡，翻著去年的日記，才驚覺周遭許多物事，已時移境遷，難以逆溯。往布滿雨痕的窗外探去，垂掛雨幕的世界多麼蒙昧不明，我輕嘆著悲歡離合總無情，一任階前點滴到天明。（127字）

16 反覆用熟悉的材料入文，更能遊刃有餘地使用

可參看 CH3〈52 多寫、多利用自己最有感覺的物事〉。

原文

題目／為自己加值　段落／第二段　學校／新莊高中　作者／林建利

一開始的我雖然也是一個不喜歡做家事也不幫忙整理的人不過仔細想想自己上了大學之後的生活，這些雜物像是掃拖地、洗衣服或是自己下廚，日復一日的做習慣了以後不知不覺是越來越順手連原本沒有自信的烹飪也漸漸有了興趣，這樣看似平凡的累積無形的讓我擁有了很多人不會的技能同時也培養自己必須獨立、刻苦的心態。（145字）

解釋

1. 一百四十五字，卻只有六個標點符號，首句甚至高達四十二個字，令人難以卒讀。
2. 練寫〈永恆〉一文時，已請作者多使用「讓自己有感覺的材料」，但此文仍未遵循此法。
3. 正式大考，閱卷老師僅會讀到一次你的文章。若能在十數篇的練習過程中，盡可能使用作者的興趣──「攝影」當題材，反覆演練後，便會越來越上手，越來越懂得如何將之剪裁，放入不同類型的文章使用。如同一名熟練的廚師，瞭解一尾魚的某部位可以隨機置入不同的菜餚，增色添香。

改寫：色字，套用〈多寫、多利用自己最有感覺的物事〉的改寫

我爲自己，加値了攝影的能力。文字必須細讀，才能勾魂引魄，激盪情思；影像則是一眼即可直擊心坎，給人無比震撼。我矢志成爲一位公民記者，攝下最眞實的畫面，替弱勢者向社會發聲。攝影也讓我留意平實生活中的不凡，像是夕陽墜足前的壯烈紅艷、蜘蛛織絲的銀閃密網、海潮漲退之間的潔白碎沫，人情事理亦畢現其中。這些畫面太多人習焉不察，使感官鈍化，失卻了生活的意義。因爲攝影，我的心變得更柔軟、易感，觀察力也變得敏銳，更能發覺別人的需要。（208字）

17 層次之間、例子之間，請用正確的標點分隔

可參看 CHI〈46 標點符號不要一逗到底〉。

原文

題目／逆境　**段落／第三段**　**學校／新莊高中**　**作者／王棋**

在艱難的逆境中，唯有堅持自我，戰勝自我才能成就勝利，戰國時代的百里奚輔佐了秦穆公，使他成就了春秋五霸的功名，但這麼好的人才，卻在被秦穆公重用前被多次的冷落、下放，甚至成爲陪嫁的奴隸，在NBA掀起熱潮的林書豪，在成名前是被教練、隊員所看不起的球員，在選秀中被淘汰、被勇者隊所釋出，即便到了尼克隊，也待不長時間，但他的努力不懈與不放棄自己終使他成就今日的名聲，獲得世界麵包大賽的吳寶春，從小就生長在貧窮的家庭，甚至父親在他兒時便去世了，這些困難卻沒有阻撓他的腳步，他努力地當上一個麵包師傅並發展新產品，卻在成名前又遭遇到妻子要求離異，這些挫折沒打敗他，終究使他沉溺了自我，研發出極有特色的麵包並獲得了第一，只要我們堅持信念，我們也可以做到如他們一般——不只戰勝了逆境，更戰勝了自我。（145字）

解釋

標點符號，有助於文意理解。千萬不要一逗到底。利用句點與分號或其他適合的符號，將之隔開。

改寫

在艱難的逆境中，唯有堅持自我、戰勝自我才能成就勝利。戰國時代的百里奚輔佐了秦穆公，使他成就了春秋五霸的功名，但這麼好的人才，卻在被秦穆公重用前被多次地冷落、下放，甚至成爲陪嫁的奴隸；在NBA掀起熱潮的林書豪，在成名前是被教練、隊員所看不起的球員，在選秀中被淘汰、被勇者隊所釋出，即便到了尼克隊，也待不長時間，但他的努力不懈與不放棄自己終使他成就今日的名聲；獲得世界麵包大賽的吳寶春，從小就生長在貧窮的家庭，甚至父親在他兒時便去世了，這些困難卻沒有阻撓他的腳步，他努力地當上一個麵包師傅並發展新產品，卻在成名前又遭遇到妻子要求離異，這些挫折沒打敗他，終究使他沉澱了自我，研發出極有特色的麵包並獲得了第一。只要我們堅持信念，我們也可以做到如他們一般——不只戰勝了逆境，更戰勝了自我。（145字）

18 譬喻莫僅用單句，較無氣勢

原文

題目／如果當時　段落／第一段　學校／臺中一中　作者／莊昕宸

人生就是無數個選擇題。「如果當時」，彷彿毒瘤一般，總與選擇形影不離。沒有人能夠總是選擇正確答案，但「如果當時」終究虛假，若總是以此自我安慰，甚至產生依賴，不過徒留空虛罷了。（86字）

解釋

1. 只有第一句有譬喻句，力道薄弱。詳見改寫㈠。
2. 「但『如果當時』」終究虛假……」句意難以上下連貫，且否定了「如果當時」的題目主軸，置於首段非常奇怪。詳見改寫㈡。

改寫

㈠修改譬喻句部份

歲月如川流，奔騰東湧，永不逆返；命運似歧路，選擇不同，結局殊異；人生也像一場難以圓滿的故事，總在事過境遷後，才慨嘆著如果當時。（63字）

㈡此段文意，適合放於結尾作為反思。

對我來說，只要有所選擇，便免不了「如果當時」的憾恨，因爲沒有人能做出無誤的選擇。若眾人皆以「如果當時」當作慰藉，萬般依賴，而不願把握當下，那麼人生將徒留遺憾。（79字）

19 喻體與喻依，性質、作用要一致

原文

題目／猜　段落／第一段　學校／新莊高中　作者／吳庭佑

猜，它就像一條藤蔓，不斷地向外延伸，不斷地捲曲，它悄悄地纏繞你的心，當你越想掙脫它，就會被抓得越緊；它偷偷地控制你的情緒，對自己猜想的結果而感到憂或樂。猜，也可以是一種積極的行為，人對於未發生的事，總會去猜測它的變化，以先做好心理準備或事前工作，避免事發突然而措手不及。（135字）

解釋

1. 猜會控制你的情緒，但藤蔓不會，故有矛盾之嫌。
2. 注意改寫的部分：
(1) 猜&妖嬈的女孩→都會搔挑你的想法。
(2) 猜&霧窗→都看不清楚眞實狀況。
(3) 猜&巫者的預言→目的都想要趨吉避凶。

改寫

猜，像是一個妖嬈的女孩，不斷地搔挑你的想法；猜也像是一扇霧窗，讓你對眼前所見不得其解，時喜時憂；猜，也如同巫者的預言，試圖讓你趨吉避凶，掌握未來的變機。（76字）

20 譬喻要切意，不要毫無關聯

原文

題目／逆境　段落／第一段　學校／新莊高中　作者／郭永昱

人生像爬山，行於山腳可見山下村莊樸實親切，爬於山腰可賞山中林木高聳入天，攻於山頂可觀山上雲霧磅礴無邊。但越前進地勢越陡峭，天氣越冷冽，如人生中必經的逆境，克服它後便可看見更廣的事物。（91字）

解釋

1. 山腳與山腰皆寫遊賞美景，與「逆境」毫無關聯。
2. 應略去，或如改寫處將山腳、山腰、山頂的不同困境與挑戰寫入。

改寫

征服逆境如登險峰，初時仰之彌高，深覺不可爲之；中途艱難險釁，意志薄弱者便想就此放棄；直至登上顚峰，不畏浮雲遮望眼，才知自己經此挑戰，眼界已開，胸襟一廣。（73字）

21 譬喻要簡潔有力，莫混雜太多冗句，使人眼花撩亂

原文

題目／逆境　段落／第一段　學校／新莊高中　作者／陳建霖

逆境，是足以崩壞我們心中那座磐石的核能彈，有時候如烏雲籠罩，在黑暗之中竄下鋒利的雷閃，恨不得劈開我們的心臟；有時候卻點燃我們心中鬥志的火焰，面對那嶔崎磊落的高山，不再是攔阻、打擊，而是觸發我們內心渴望登峰造極的動力，就如同莎士比亞所說：「毒藥有時也能治病的。」（130字）

解釋

1. 排比句字數不均，除了形式不齊，也會讓讀者容易誤解其意。比如說第二個層次，逆境是像烏雲籠罩，還是像雷閃呢？
2. 第三個層次亦有兩個長句句意重複：點燃我們心中鬥志的火焰＝觸發我們內心渴望登峰造極的動力。

改寫

逆境有時如在黑暗之中竄下鋒利的雷閃，恨不得劈開我們，奪魂掠魄；有時候卻點燃我們心中鬥志的火焰，觸發我們內心渴望登峰造極的動力，就如同莎士比亞所說：「毒藥有時也能治病的。」（85字）

22 轉化莫寫得過於抽象

原文

題目／假裝　段落／第一段　學校／新莊高中　作者／林璟秀

誆騙著，用那謊言編織成的美麗，以針挑起才發現，越是堅強，就越是狼狽。心，早已麻痺；血，早已乾涸，而微笑，依舊落在那熟悉的記號上，一切的虛假，總是在假裝。（76字）

解釋

過於抽象的文句，讓讀者難以明瞭你文句中的意義，也無法體會你所描述的情境。

改寫

在夜闌人靜之時，反覆檢視那覆蓋在自己身上的、謊言所編織成的美麗，色彩越是斑斕，掩蓋於其下的眞實就越是狼狽不堪。燦爛的微笑障蔽起麻痺的心覺，武勇的堅強遮瞞住懦弱的本質。原來，假裝是不願正視自己的缺陷，自欺欺人的手段。（107字）

23 使用排比時，亦要兼顧文意的層次

原文

題目／書本的力量　段落／第一段　學校／新莊高中　作者／李璇

古人云：「書中自有黃金屋，書中自有顏如玉。」書是情感與學術的融合，是智慧與理念的結晶，更是觀察與經驗的累積。（54字）

解釋

1. 名言後的三句排比，僅用以描述書的「內容」，感覺較單薄無力。
2. 改寫試著加入兩句排比，意義為書的「影響」，才能更符合題目〈書本的力量〉。如改寫的色字。
3. 於是，首段的段意就變成：①書很有價值＋②書的內容＋③書的影響。

改寫

①古人云：「書中自有黃金屋，書中自有顏如玉。」②書是情感與學術的融合，是智慧與理念的結晶，更是觀察與經驗的累積。③能使愚者聰慧，弱者變為剛強。（68字）

24 排比句，重複字詞要降至最低，否則有累贅之嫌

原文

題目／逆境　段落／第一段　學校／新莊高中　作者／陳怡潔

想摘下嬌艷的玫瑰，必須先克服尖銳的刺；想從書中悟出道理，必須先克制心中的急躁，靜下心閱讀；想閱覽名山大川，必須先行萬里路，任憑磨破腳底，也絕不退縮；人生的道路上不可能永遠一帆風順，接踵而至的考驗總會讓人感到挫敗，此時，如何堅定立場，突破逆境，便是最重要的課題。（130字）

解釋

1. 原文重複了「必須先」等詞彙，有累贅之嫌。
2. 改寫處以「一長句，一短句」的方式搭配，唸起來較有力道。

改寫

想摘下嬌艷的玫瑰，必先小心銳刺；想悟出書中的道理，必先撫平急躁；想閱覽山川的壯美，必先行路萬里，任憑腳破足裂，也絕不退縮。人生的道路上不可能永遠一帆風順，接踵而至的考驗偶會讓人感到挫敗，此時，如何堅定立場，突破逆境，便是最重要的課題。（117字）

25 排比字數拉長，就少了氣勢

原文

題目／我與別人大不同　段落／第一段　學校／新莊高中　作者／吳曜宏

高舉長鼻配上響亮的一叫，那正是象的特徵，金黃色的鬃毛，頂天立地的英姿再一個震懾群雄的大吼，便是那萬獸之王——獅子，在形形色色的萬物中，皆各有其特色使自己鼎足，縱然再平凡，依然有他的平凡令自己不凡。（98字）

解釋

1. 排比句要精簡有力。
2. 用詞錯誤。如「鼎足」應作「立足」。
3. 最末感想不知所云。

改寫

高舉長鼻、仰天高鳴，巨象之豪，躍然眼前；抖擻金鬃、俯地怒吼，雄獅之猛，萬物震懾。天生萬物，各有不同特色，以此立足世界，彰顯自己的不凡。（67字）

26 雖有修辭，但仍須精鍊的文字來加分

原文

題目／逆境　段落／第一段　學校／新莊高中　作者／蔡欣庭

蒼鷹振翅與強風奮戰，最終翱翔天際；流水潺潺與礫石奮戰，最終驚濤駭浪。我是位登山客，正在爬一座名叫逆境的山，只要能像蒼鷹不輕易放棄，像水流不輕易懈怠，翻越山頭，便能昂首闊步。（86字）

解釋

原文雖有排比與譬喻，但文字不夠精鍊，氣勢就難表達出來。

改寫

蒼鷹振翅搏擊強風，最終翱翔天際；江水滔滔切山割岩，最終歸抵汪洋。年輕如我，正在攀援一座名為逆境的險峰，若能像蒼鷹堅韌，如江水不懈，我相信自己定能翻山越嶺，得見人生的浩瀚。（85字）

27 敘事加入修辭，會更精采漂亮(一)

原文

題目／逆境　段落／第四段　學校／新莊高中　作者／張茵茹

自從那次的表演以後，我不再害怕舞臺，在之後的每一場演出，挑戰更多的角色，在舞臺上盡力揮灑自己，克服心中的困難，戰勝自己。（60字）

解釋

平凡的原文，加入了譬喻、轉化、排比、映襯後，精采度驟增。

改寫

自從那次表演結束後，我不再將舞臺視若猛獸，反而立足其上，穿梭在不同的角色裝扮，揮灑各異的身段風采。我於是明白，克服心中的困難，戰勝自己的怯懦，或許是場無可預知的冒險，卻也是浴火重生的契機。（94字）

28 敘事加入修辭，會更精采漂亮(二)

原文

題目／逆境　段落／第四段　學校／新莊高中　作者／楊喻婷

在之後的幾個打工經驗中，雖然困難與挑戰不比以往少，甚至處理起來更棘手，但是我卻能不畏懼地去面對它，反而抱持著欣然接受的態度，因爲我瞭解是逆境使我一次比一次成長，使我得以應對往後更艱辛的挑戰。（95字）

解釋

平凡的原文，加入了譬喻、排比、映襯後，精采度驟增。

改寫

往後的打工歲月，雖然遭遇的困難與挑戰，處理起來更棘手，但是我始終能無所畏懼地去面對它，欣然接受它帶來的考驗。逆境是焰火，逆境是怒濤，逆境是高壓，可能使我們灰飛、滅頂、粉碎，但若能咬牙突圍，我們便可成鋼、茁壯、閃耀如鑽。（109字）

29 詞彙與情境的反差，可以製造出效果

原文

題目／漂流木的獨白　段落／第四段　學校／新莊高中　作者／林昱學

天，好藍，好安靜，沒想到眞的遠離了那片樹林；不會有鳥每天吱吱喳喳地吵醒我了，不會再看到其他樹的臉色了，也不用每天向上長得到太陽的青睞了；現在，要做什麼？（76字）

解釋

以悠閒平靜的筆調，反襯漂流的哀傷，很好。改寫的部分，又強化了這樣的氛圍。

改寫

天，好藍，好安靜。方才狂暴喧噪的場景，彷佛是一場夢境。自小便叛逆地想遠走他鄉，沒想到此刻眞的遠離了那片樹林。晨間不會有鳥雀吱吱喳喳的擾我清夢；無須與其他樹木競姿比美；也無須每日爭高，只爲得到太陽的青睞。我隨著微微的海潮，載浮載沉，極有規律地擺盪著。但現在的我，爲何有淺淺的悲傷呢？（140字）

Chapter 3

關於敘事，要注意的是

01 詳加描寫——景色

原文

題目／一處好地方　段落／第四段　學校／新莊高中　作者／莊鎬璟

隔天，老闆帶領我們全家到更深山的地方採野薑花，路途也更加險峻，處處翠綠的青苔，讓我們寸步難行。不過，不經一番寒徹骨，焉得梅花撲鼻香。那裡的野薑花滿山滿谷讓我們驚訝不已。看到旁邊清澈涼爽的小溪，也忍不住內心想要玩水的激動，鞋子一脫，袖子一捲，開始打起水仗。翩翩飛舞的蝴蝶在我們的四周環繞，似乎也被我們歡樂的氣氛感染。樹幹上的蟬、樹枝上的鳥也奏著輕快的樂曲，就如同自然萬物都在和我們享受這快樂的時光。（198字）

解釋

1. 所有路上遇見的物事，都單純以形容詞＋名詞的方式表達。如翠綠的青苔、清澈涼爽的小溪。過於草率。
2. 物事眾多，卻無主從之分。此段主角應爲「野薑花」，卻只有一句「野薑花滿山滿谷讓我們驚訝不已」。
3. 關於野薑花，至少要有視覺摹寫、嗅覺摹寫。

改寫

翌日，民宿老闆領著我們，往更幽深的谷坳行去，他說，那裡有著漫山遍野的野薑花。山林濕潮，路途滿布青苔，必須步步爲營，才不致跌跤。數十分後，聽見潺潺水聲，接著便是一股清新濃郁的芳味，流動在空氣中。走過眼前一片蓊鬱林叢，便見河畔植滿淨白純雅的的野薑花，被綠葉擁簇著，隨風掀伏。父親折了一莖送給母親，直說她比野薑更清麗。至於我們孩子，則衝過花叢，沾染了一身香氣，便竄入溪中，開始打起水仗來了。（192字）

02 詳加描寫——畫面

可參看CH3〈38 敘事要能符合讀者的期待〉。

原文

題目／我的解剖癖　段落／第一段　學校／臺中一中　作者／王昱翔

解剖刀輕巧地劃開了蟋蟀的體壁，緩緩地，猶如翻開一本陳舊的古書一般，將蟋蟀的背側剝開，呈現眼前的不會再讓人聯想到小時候鬥蟋蟀的刺激畫面。對我來說，造物者最偉大的巨作，展現於前，深深感動了我。（94字）

解釋

1. 原文色字語意怪奇，打開蟋蟀背側，人們本來就不會預期看到鬥蟋蟀的畫面。
2. 舉例來說，假設搬家後的我，回到以前的房間。打開房門，看見寢具才是可預期的。如：打開房門，迎接我的不再是溫暖的被窩、熟悉的桌具。映入眼簾的，只剩一片空無。
3. 打開背側後，我們應該用「視覺摹寫」，來陳述蟋蟀的體內形貌，也才能接續後頭「造物者最偉大的巨作」。

改寫

解剖刀輕巧地化開了蟋蟀的體壁，緩緩地，掀開牠的軀竅，臟器和筋脈、膿血與體液便攤展眼前。造物者的巨作，攢簇尺寸之間，令人讚嘆未已。（64字）

03 詳加描寫——動作

原文

題目／我的童軍老地方　段落／節錄第三段、第四段　學校／新莊高中　作者／張緯宸

我們都在老地方幹嘛呢？有歡笑、汗水，甚至有時還會有淚水……至於汗水呢？在聯合迎新上表演的幾分鐘，是我們大家用一個暑假的時間換來的。尚未上暑輔前，幾乎每天到學校練舞，有時全到的話，便練童軍特有的「蛇舞」，這個是我覺得最累的地方，從開始的零上舞臺的八十分，每一次的練習歷歷在目，所以表演完時，有的幹部甚至紅了眼眶呢！（156字）

解釋

1. 該段落最重要的，便是蛇舞了。不過怎麼練習，怎麼舞動，似乎都沒有寫到。讓讀者讀之不知其所以然。
2. 原文所節錄的兩段，開頭都頗為十分粗糙。

改寫：（原文第四段）

那年，整段漫長的暑假我們都駐紮在那，爲了迎新表演的緣故。那次，練的是童軍特有的蛇舞，六七人伏低身子，以手前後相銜如長蛇，口中吟唱著沉緩有拍的歌謠，我們的身子便隨著節奏左晃右擺，跳躍翻滾。練習初始，默契尚未養成，總會互相踢撞踩踏，讓我苦不堪言，最終耗竭極大的力氣才練成。當表演結束的剎那，那如雷的掌聲，迴盪在這曾經淚水斑斑的地方，才覺得這一切都有了報償。

（175字）

04 詳加描寫——聲音(一)

原文

題目／最美麗的聲音　段落／第二段　學校／新莊高中　作者／吳雨芹

關懷他人的聲音通常是溫和親切的，或者有時只是隨意説出，但都能使我感動。在生病時，家人與朋友們總是會給予我許多關心，這些溫柔的聲音有如仙丹妙藥一般，使我能忘卻身體上的病痛。有一次上體育課時生理痛極不舒服，因此在旁休息，一位平時不常交談的同學走過來問起我的狀況。她除了詢問病情外，又提供了許多能改善疼痛的建議，並且分享了她的經驗。在這平淡的聲音裡，我感到了眞誠與溫暖。平常説話總是冷淡的她，這次我在她的關心裡聽到了她的溫柔，這樣溫和的聲音也使我因疼痛而緊繃的心放鬆了下來。（234字）

解釋

1. 僅以「溫和」的聲調、「眞誠溫暖」的感受描寫聲音，有些單調。
2. 聲音的描摹，除了可多方描述聲調的變化、具摹心底引發之感受，還能以譬喻、類疊、轉化等修辭，使聲音的呈現生動具體。

改寫

某回體育課，恰逢生理期折磨，我僅能癱坐在球場旁涼椅，皺眉忍痛。一個平日鮮少互動的同學，前來親近，她的問候如絮如羽，生出一股輕柔的力量，讓我憑靠。然後一面詢問症狀，一面提供了數種方法來緩解我的不適，她的聲音如撫觸般，揉散些許疼痛。她的聲音向來平淡似水，少有起伏，但此刻的關懷卻溫煦親切，有著急的問詢，也有悠緩的陪伴。我原本蜷縮的身子，也漸漸放鬆下來。每人聲色各異，但關懷他人的音調，並無二致，無私地給予慰撫，試圖使人重獲快樂，我想，這便是最美麗的聲音了。（226字）

05 詳加描寫——聲音(二)

可參看 CH1〈26 形容詞單調貧乏〉。

原文

題目／最美麗的聲音　段落／第三段　學校／新莊高中　作者／吳庭佑

享用早餐後，我進到書房，正當要坐下時，麻雀聲又此起彼落地響起，彷彿是迎接我的到來。牠們停在窗臺前，我輕輕地走近想看個仔細。有時叫得厲害，似乎是牠們談得正熱烈，有時不鳴，好像是要彼此冷靜。雖然我不懂牠們的對話，但聽在耳裡卻有如欣賞百花盛開，那令人愉快的心情，實在回味無窮。（135字）

解釋

1. 先「具體敘事」讓讀者身歷其境，再「抒發抽象情感」讓讀者明瞭感受，一直是寫作不變的規則。
2. 原文所言「牠們談得正熱烈、好像是要彼此冷靜」都是作者主觀的情感，但是客觀的敘事付之闕如，不如細摹一下鳥叫的音色吧。

改寫

享用早餐後，我進到書房，正當要坐下時，麻雀聲又此起彼落地響起，尖短碎急，啁啾成韻，偶有清暢的滑音，彷彿詩人在吟唸什麼似的。我隱約看見牠們停在窗臺前，輕輕走近，將耳朵貼上玻璃，想聽個仔細。牠們有時叫得厲害，似乎談天談得興致盎然，有時啞口不鳴，像是要冷靜思索著什麼。雖然我不懂牠們的對話，但聽在耳裡卻有如欣賞相聲一樣，令人滿心愉悅，回味無窮。（169字）

06 摹寫越多越精采

原文

題目／發現　段落／第二段　學校／新莊高中　作者／周家賢

那日，只是平凡的路程，返家的路，早已踏過千遍；那路口似乎是捷徑，心血來潮，我選了那條陌生的路，本以爲眼前所見只會如一般的城市巷弄般平凡，但才踏入巷口不久，即被它深深吸引，兩旁非灰色死板的水泥牆，而是有著艷紅磚色的三合院，巷弄裡，沒有現代機械的喧囂，兩側的矮房靜靜佇立著，我順著它，在它獨有的寧靜中前進，時而從圍牆裡，會冒出一枝纖細的枝枒，散著翠綠，腳下的石板，隨著我的步伐作響，迴盪在整條巷子中，此時，如同世界只剩自己一人，沉浸在這條巷子的獨特氛圍中。（227字）

解釋

1. 摹寫有視、聽、嗅、觸、味、心覺，越多摹寫，便越能具體呈現畫面。
2. 原文有視覺、聽覺、心覺，改寫部分試著加入觸、嗅覺。增添畫面的豐富性。

改寫

那日，特意從慣常的返家路程出走，選了條陌生的小徑，卻發現了前所未有的精采。那是兩列古厝間的防火巷，艷紅的磚色，指引我前行的方向。兩旁低矮的房舍，護守著這城市裡難有的寧靜，甚至空氣中，都能嗅聞到來自歷史的斑駁古舊。有時在磚隙間，會冒出幾根纖細的枝枒，散著翠綠；有時在牆角邊緣，點綴著斑斑苔痕。我忍不住伸手摩娑著粗糙的磚面，感受它的樸拙與古意，這樣溫潤的觸感，已許久未見。我順著它，在它獨有的寧靜中前進，腳下的石板，隨著我的步伐作響，迴盪在整條巷子中，此時，如同世界只剩自己一人，沉浸在這條小小巷弄的溫馨美好。（253字）

07 為人物營造環境，為物品描繪形容

原文

題目／最好的時光　段落／第二段　學校／新莊高中　作者／陳彥丞

我想，可能是「家」吧！在我五歲前，因爲母親工作的關係，加上高雄的家尚未建好，所以這段期間我是奶奶帶大的。印象中，這是我最無憂無慮的一段時光，早上睡醒，喝完牛乳，就開始玩耍，在母親上班前，還要上演一段躲貓貓。幼小的我，就這樣不知不覺地過了五年，在這段期間，我一直認爲「這裡」就是我的家。（142字）

解釋

1. 原文色字即是狀繪「最好的時光」的文句，卻只有三個短句就潦草帶過。
2. 試著將晨起的自己放入環境，放入陽光滿室的環境；試著將自己飲用的牛奶加強描繪，描繪它的濃醇香。如此，整個美好幸福的時光才會讓人感同身受。

改寫

我想，約莫是此處有家的感覺吧！因爲母親工作的關係，父親在高雄的房子也尚未建好，我便託育於奶奶家，那純樸又清新的鄉居。眞是懷念，那是我最無憂無慮的時光。晨間在金亮灼燦的陽光中甦醒，盥洗後，便飲用每日鮮送的玻璃瓶牛乳，溫熱芳醇。看見母親準備出門上班，還央著她玩躲貓貓，享受著她發現我之後，將我拉擁入懷、親吻臉頰的甜蜜。然後赤腳奔跑、採果挖蟲、圳邊戲水，開始了我一整天的玩耍。就這樣不知不覺地過了五年，對此處不僅熟悉，也開始眷戀。

（212字）

08 寫景敘事，應相互穿插

原文

題目／一個關於童年的記憶　段落／第三段　學校／新莊高中　作者／陳昱妍

那是條很窄很淺的小溪，水流很湍急，溪水清澈而沁涼，但因爲實在是太窄了，很難讓我們玩得盡興，小孩各個露出失望的表情。有個大人看到，思考了一下，便要每個孩子都到水中排排坐，雙手搭著前面的肩膀，看起來像隻大蜈蚣似的，其中一個大人伸手推動最後一人，我們整排便隨著溪水流動，在水中「航行」了起來，看著熾熱的大地景象在兩旁移動，身體四周流動的溪水更顯清涼。回農舍的路上，我們比手畫腳地形容剛剛發生的樂事，愉快的心情全寫在臉上。（206字）

解釋

1. 敘事推展情節，寫景狀摹畫面，詳略之間，定要適當安排。原文卻少有寫景文句，生動銳減。
2. 且此文與溪水極爲相關，應藉由不同的事件，狀摹溪水。如改寫的色字。
3. 另外，坐在溪間，前後推拉，人會隨溪水流動？景物會在兩旁移動？

改寫

兩岸青山挾峙，束緊了水泉的奔騰，溪流變得細長而窄淺，我們定睛一看，玩興頓減，直嘆無法縱越入水，深潛溪底。一位叔叔卻不這麼想，吆喝著大家排列成行，端坐溪間，溪水清澈且沁涼，引起我們這群小人兒的驚呼。然後，叔叔要我們把手搭上前方同伴的肩，一推一引之間，彷彿正在划槳競渡，溪水不斷地流劃過我們的身軀，柔滑的觸感，一直摩挲著體膚，大夥的嘩笑聲與潺潺水聲，盪揚在山底谷間。回農舍的路上，我們我們比手畫腳地形容剛剛發生的樂事，髮間猶有溪流沾濺的水珠，在夕暉的折射下，隱隱發出光亮。（233字）

09 景色描寫，譬喻要能精準

原文

題目／人間風景　段落／第二段　學校／新莊高中　作者／張褘宸

人間風景，是登上山峰後，俯瞰一望無際的大地，車子就像螞蟻一樣，迅速在食物堆裡，自由自在地穿梭，而一棟棟的高樓大廈，則是螞蟻們，眼中的食物，湖泊呢？是螞蟻們駐足休息、補充水分的地方，至於自視甚高的人類呢？早已渺小得看不清楚了，這時，我才驚覺，原來人是多麼小的存在，就像宇宙中的一粒沙，萬物則是這麼地龐大，我們是否要反省，態度應該更謙遜點，對待這浩瀚的世界，也應該尊重一點，不能總是予取予求，這樣，等到有一天，大自然與人類不能和平共處，反撲時，屆時才來後悔，大概也來不及了吧！（237字）

解釋

1. 原文之譬喻，將高樓擬成食物，有些偏異。且寫作若用單一手法，易使文章枯燥。
2. 「譬喻」能表述觀者情思，易喚起共鳴，但若缺少「摹寫」以構築空間的形狀、顏色、方位的話，亦乏相輔相成之效。

改寫

我最難忘的人間風景，是登上山峰後，俯瞰一望無際的大地，縱橫的灰白路徑，截分了黑壤與綠野。遠方高矗的樓棟，頓成低矮積木；郊野浩廣的湖泊，縮聚爲一攤水漬。車行如蟻攢動，人類似沙如塵，難覓蹤影。從前我總認爲人定勝天，懷抱著不可一世的高傲，直到那刻我才明白，謙遜才是天人之際應存的態度。否則待得自然反撲，便後悔莫及。（150字）

10 過於具體落實

原文

題目／我的家　段落／第一段　學校／新莊高中　作者／錢耀崴

我的家位於高雄市某處，鄰近漢神巨蛋，交通方便，但我家坪數不大，是一棟三層樓的透天住宅，屋齡大概有二三十歲了，裡面牆壁斑駁，修修補補了好多回，屋內沒什麼裝潢，十分簡樸。（84字）

解釋

1. 文章裡頭的敘述，若太過於具體落實，便破壞了文學的美感。七分實（敘事），三分虛（修辭、抒感），應是最好的比例。
2. 客觀的數據資料，如近漢神巨蛋、三層樓、屋齡三十歲，擇精要入文即可，否則將顯得瑣碎。

改寫

我的家位在港都一隅，隱身街巷之間，雖鄰近繁華的商圈，卻仍可鬧中取靜。它的屋齡已高，牆壁也受癌蝕，但因我在此出生，在此長成，它已成唯一能讓我安心憩息的地方。（77字）

11 通篇都是敘事，文章會變得淺薄無重量

原文

題目／如果能夠重來　段落／第二、三段

學校／新莊高中　作者／陳彥瑜

我們家十分和諧，爸媽感情很好，對我們也很好。雖然偶爾爸爸都會工作到很晚，不過大部分晚上都會在家吃飯。我回家時會先幫忙做些家事，每一天都是有規律地生活，因爲大家彼此互動，所以事情總能很快地忙完。爸爸對我們的照顧也是無微不至，生病時，他會很著急地帶我們往醫院去；出遊時，也總會帶全家去許多地方玩。他對我來說，是一位非常好的爸爸。

但是，有時候我總是無法好好地控制脾氣，在一次和爸爸發生爭執時，我一時生氣就離家出走了，當時的我十分生氣，我的個性很傲，所以我不認爲有錯。過了不久，爸爸因爲擔心我而出門找我，可是遍尋不著，能問的人都問了，能找的地方都找了，在他想放棄時，我出現在了馬路的對面，他急得直接跑了過來，可是他卻沒注意到車，在我眼前倒下了，頃刻救護車就載我們往醫院去了。（333字）

解釋

1. 敘述中，應該在適當的地方停頓，說說自己的感覺與想法。如改寫的色字。
2. 通篇敘述，很容易淪爲流水帳，完全忽略個人的自省。
3. 第二段太長，本文並非要闡述「家庭多溫暖」。
4. 第三段，你如何得知：「父親遍尋不著」、「在他想放棄時」等事？

改寫

我的家庭，和諧康樂，父母鶼鰈情深，對我們也疼愛有加。父親雖忙，卻都執意回家陪我們共進晚餐。他常說：「這是唯一可以聽見你們暢談學校趣事的時刻了。」

猶記那天，我們因爲談論到未來志願的排列，於是在餐桌上起了爭執，他認爲醫療照護前景看好，我卻偏好藝術設計的天地。我的個性十分倨傲，完全不能苟同父親以賺錢爲主的褊狹價值觀，一氣之下，擲棄了手上的碗筷，離家出走。在路上我不斷想著，父親的意見是約束還是保護，我的堅持是自信還是執拗？走累了，便隨意坐在騎樓機車上，整理紊亂的心情，以及矛盾的想法。忽然，父親在對街出現，看見我的身影，忙不迭地向我直奔而來，卻忽略了左右來車，就這麼撞上了。

在醫院時，我腦袋空白，一直質問自己：這是我造成的錯嗎？母親說，父親出門找了許久，很擔心我有意外，所以看到我時一定激動萬分，才沒注意到旁的。說完便暗暗啜泣著。（363字）

12 具體敘事與抽象抒情，比例要安排得宜

原文

題目／想飛　段落／第二、三段　學校／新莊高中　作者／李璇

孩提時期，長輩們總對我寄予無限的期待，將自身的人生經驗一針針縫進兒女的想像；把年少時的遺憾一絲絲串起孩子的未來，替孩兒編織出一方美麗燦爛的夢想天地。懷抱著美好人生的憧憬，我彷彿是隻背負著親人冀望的雛鷹，回首望向自己孱弱身軀上稀疏零星的羽毛，心底漾起一波波嚮往藍天的漣漪。

光陰如流水，在求學的過中，我已漸漸成長茁壯，擁有了築夢的權利並秉持著堅定的信念，心中那張僅屬於我的夢想藍圖，在一片迷茫中逐漸清晰。十七歲的我，正逢青春年華，卻也面臨著升學的壓力，猶如那佇立於崖上初成熟的鷹，雖精神抖擻地凝視著遠方，卻依然對自己的能力感到遲疑，我想飛，飛至夢想的境地，我堅信只要懷有期許，不言放棄，有朝一日我將能舉起堅實的羽翮，在烈日的照耀下，光澤的羽翼閃爍著奪目的光芒，顫抖，並非懼怕那張牙舞爪的深谷幽壑，而是無法藏匿心中的興奮與悸動，奮力振翅，劃破天際，驕傲地盤旋在空中，翱翔在一片蔚藍裡。（389字）

解釋

1. 抒感太過，文章呈現虛浮；敘事太過，文章過於平實。要懂得拿捏好其中分寸。
2. 原文幾乎都是抽象的抒感，作者的夢想是什麼？未來的藍圖又是什麼？完全無法解讀。
3. 改寫的色字，爲具體敘事，穿插入原文後，段落內容才更飽滿易讀。

改寫

孩提時期，長輩們總對我寄予無限的期待，將自身的人生經驗一針針縫進兒女的想像；把年少時的遺憾一絲絲串起孩子的未來，替孩兒編織出一方美麗燦爛的夢想天地。他們希望我能成爲一個醫者，除了濟世救人，還能將醫生世家的閃亮名聲延續下去。懷抱著美好人生的憧憬，我彷彿是隻背負著親人冀望的雛鷹，回首望向自己孱弱身軀上稀疏零星的羽毛，心底漾起一波波嚮往藍天的漣漪。

音樂，便是我的藍天。它寬廣無邊，拓展了我想像的疆域；它變化萬千，幾個音符便能交織出無法盡數的旋律；它其實也有療癒的作用，爲歡者添喜，哀者撫慰。

光陰如流水，在求學的過中，我已漸漸成長茁壯，擁有了築夢的權利並秉持著堅定的信念，心中那張僅屬於我的夢想藍圖，在一片迷茫中逐漸清晰，但父親對我的期待只有更深重。他說拿出最好的成績給他看，他說不要彈琴了，把練習的時間拿來讀書。於是正逢青春年華的我，面臨著升學的壓力，猶如那佇立於崖上初成熟的鷹，雖精神抖擻地凝視著遠方，卻依然對自己的能力感到遲疑。我多想兼顧長輩的期許與自己的想望呀！但我有能力將這一切處理得完美無缺嗎？若我執意飛往音樂的天空，會不會如父親所說，將會折翼墜跌？若我斂起羽翼，放棄了高飛的念頭，會不會讓自己抑鬱終生呢？

所幸，我對音樂的堅持，讓我熬了過來。成績名列前茅，也未曾間斷琴音的薰陶。雖然耗盡了我極大的氣力，卻能夠使理想與現實完整地並存於我的生命。

（576字）

13 缺乏具體敘事，只泛論，讓文章顯得虛浮(一)

可參看《作文課後》CH5〈14 文章裡，自己的生命經驗不可語焉不詳〉。

原文

題目／永恆　段落／第三段　學校／新莊高中　作者／楊喻婷

曾經當我面臨人生中重要的轉捩點時，我對我失去了自信，對未來的人生不再有憧憬、抱負，那時的我像極一匹迷路的羔羊，我深深體會到失去那份永恆的信念時的慌亂與不安，生活得漫無目的，渾渾噩噩，過了一段空虛的歲月，所幸最後我重新找回了當初的永恆，使我慢慢地步上正軌，過這正常美好的生活。（137字）

解釋

若不具體說明，讀者無法理解：何謂轉捩點？何謂渾渾噩噩過了一段空虛的歲月？何謂當初的永恆？他就無法對你的經歷產生共鳴。

改寫

曾經，我夢想自己成爲一個偉大的演奏家，但在一次行車意外中，摔斷手骨，即使經過復健，手指的活動也有些遲滯了。對於音樂，我失去了自信與熱愛，對已擘劃好的未來，也不再憧憬。我像隻迷路羔羊，不知何處往去，原來失去了一份強而有力的信念後，會是如此慌亂而不安。最終，還是音樂救贖了我，音符讓我平靜，旋律讓我欣悅，我發現自己仍是有選擇的，演奏可以是不爲名利，只求心靈的剎那的感動。於是我尋回初衷，信仰音樂的永恆與不朽。（202字）

14 缺乏具體敘事，只泛論，讓文章顯得虛浮(二)

原文

題目／發現　段落／第二、三段　學校／新莊高中　作者／錢耀崴

在社會裡的相處中，我發現人們往往只要求他人的行爲是否合適，但總是忽視自己所犯的過錯。掌權者，往往約束他人，但本身卻屢屢犯了自己所管束的事物，時常上一秒，嚴厲訓斥他人，下一秒卻帶頭起鬨，但我們卻無法提出異議，強者總是毫不在乎其餘弱者的指控。（120字）

在家庭裡的相處中，我發現父母時常爲孩童鋪了一條理想道路，但這道路卻不是孩童們所想要的，總是告訴孩子，父母並不會陷害他們，不過孩童卻時常陷入父母期望的壓力中；另外在是非對錯的觀念中，長輩總認爲自己是對的，一味地要求晚輩道歉認錯，但事實上，做錯的有時卻是大人，小孩經常蒙受不明之冤。（139字）

解釋

1. 兩個段落，皆屬泛論，易讓文章虛浮。應選擇一段改爲具體敘事，取得文章的平衡。

2. 兩段段意，亦與「發現」連繫不深。

改寫：（原文第三段）

自小，我便發現父親爲我鋪了一條理想道路，第一志願、科技新貴、一個令人稱羨的家庭，但這並不是熱愛繪畫的我所想要的。雖然他總說，父母並不會陷害孩子，但這樣蠻橫的愛，幾令我窒息。我也發現，父親總不願面對己身失誤，硬要我們忍受他的謾罵，藉以樹立他的尊嚴。這樣的發現，似乎讓我更加難受，因爲我無能爲力來扭轉這一切。（153字）

15 缺乏具體敘事，只泛論，讓文章顯得虛浮(三)

原文

題目／永恆　段落／第三段　學校／新莊高中　作者／莊翔宇

每個人的記憶都是獨一無二的存在，即使是勾起了一些往事，也能讓人會心一笑。記憶，對我來說，也是種若有若無的存在。每每想起了某些片段，卻費盡腦汁也想不起後續；偶爾無心地漫步在街道上，因爲看到了熟悉的事物而引發內心的記憶。就是這麼一種忽隱忽現的感覺，讓我相信記憶便是我們這看似漫漫而卻苦短的人生中，那永恆般的存在。（154字）

解釋

1. 原文後半段的句子，有些冗贅。
2. 具體事物太少，抽象情感太多，導致閱讀此段時，意義虛浮，不知作者描寫何時、何地、何情、何景？

改寫：段落應該要有層次地：①說明記憶之義、②羅列事實、③記憶中的永恆之理

①記憶獨一無二、時隱時現，它是心靈的虹彩，也是生命的留痕。②當我嗅聞到馥郁花香，彷若重回舊日植栽遍地的家園；當我被朋友環抱撫觸，便想起去我日遠的母親也曾如此呵護；或是途經櫻樹，落瓣繽紛，那年異國行旅的流浪肆意，如現眼前。③於是我相信，生命讓記憶豐盈了，記憶則讓生命永恆了。（133字）

16 敘事蕪蔓

原文

題目／我與鳥　段落／全　學校／新莊高中　作者／王紹安

我們家從小就只有養魚，因爲媽媽對毛過敏，所以狗、貓，我媽都不喜歡，直到有一次，一位客户因爲多了一隻鳥，送給了我們。

牠是八哥，會學許多的話與聲音，牠學會的第一個聲音是錘釘子的聲音。每天都是我幫牠換食換水，但牠也總是想啄我。牠最愛咬的是拖鞋，常常抓住咬得盡興才鬆開爪子。雖然已經養牠兩年了，牠看見我都是邊尖叫邊往我的鞋子跑。牠是第一隻鳥也是僅存的一隻，我們家一共養了四隻鳥，碩果僅存的只剩這一隻。

另外三隻一隻是鴿子，當時牠已經受傷，沒有三天，就離去了。另外二隻則是被偷走了。剩下的這隻八哥，我們曾經全家幫牠蓋籠子，爲了幫它增加高度，我們要先抓住牠，免得牠亂跑。當捉住牠時，人與鳥都十分疲乏，牠在手心中喘氣的感覺十分清楚。在建造完成後，牠也十分能接受多高出一倍的房屋，常常飛到最高層單腳睡覺，或是到最前面展現牠嘹亮的歌喉，有時一分鐘都不停地叫著學過的話或聲音，也可能飛到籠子的最下層，窩成胖胖的一團或準備咬人的鞋子。

牠已經有點老了，從看牠冬天長毛、夏天掉毛，不知牠還能如此嘹亮地歌唱多久，或是我還能照顧牠多久？（452字）

解釋

1. 題目爲〈我與鳥〉，應該著重於作者與鳥的互動。首段媽媽的偏好與此文無關，應略去。
2. 第二段與第三段之間，甚爲枝蕪。即使作者家中眞的有四隻鳥，也各有遭遇，但因與主題無關，應略去。
3. 第二段提及「養牠兩年了」，最末段卻說「牠已經老了」。經查八哥壽命應有十年左右，兩年尚稱青壯。

改寫

我家曾有一隻鳥來棲息過，偶然留下了牠的跡影。

牠是八哥，會學許多的話與聲音。那時隔鄰正在裝潢，牠學會的第一個聲音是錘釘子的聲音；奶奶來長住的那陣子，牠則是跟著「乖孫仔」叫個不停。

每天都是我幫牠添食換水，但牠似乎不甚領情，總是想以硬實的鳥喙啄我。牠最愛咬的是拖鞋，常常抓住咬得盡興才鬆開嘴爪。養了兩年，牠看見我永遠是一邊扯著嗓子尖叫，一邊往我的拖鞋奔來。我荒謬地想起「打是情，罵是愛」這樣的語句，那麼對牠而言，咬鞋是一種至深的依賴嗎？

有次，爲起造嶄新鳥居，必須先綁縛住牠的足爪，以免逸逃。牠不肯，踩著小碎步，在家具間逃竄，不時發出尖亮的哀鳴。當捉住牠時，人與鳥都已疲乏，牠的胸膛在我的雙掌錮禁下，仍一起一伏地喘息。後來，牠極愛新居高處的木桿，常飛到此處，翹起單腳睡覺，或是不撓不歇地，展現牠的聲腔，說學逗唱，趣味十足。但有時牠依然會潛伏在鳥居底部，窩成胖胖的球狀，準備偷襲我的拖鞋。

後來，不知誰忘記關緊牠籠子的匣門，想是牠覓著空隙，頂撞了出來，一飛便不見蹤影。我看著空蕩的鳥居，惆悵地想著，當牠高飛的那一刻，有想起什麼嗎？我足底的那雙拖鞋，或是那些不解其義的學語。

我家曾有一隻鳥來棲息過，偶然留下了牠的跡影，在我心底。（507字）

17 事件背景不明

可參看《作文課後》CH5〈15 沒有具體點出事實背景，顯得虛浮〉。

原文

題目／焦慮　段落／第二段　學校／新莊高中　作者／何達昀

三更已過，遊子仍未返，彷彿乳燕忘了歸巢，等待已久的母親在昏暗的燈光下翻著雜誌，就只是爲了能在第一時間迎接返家的漂鳥，隨著時間的秒針滴答作響，啪答啪答，放在雙腿上的書籍越翻越快，顯示了慈母的焦慮，但她仍不肯將玄關上鎖，熄燈就寢；害怕遊子被反鎖於門外，擔心剛踏上故土的遊子看不見微弱的燈光。（143字）

解釋

1. 此段以第三人稱書寫，且篇幅不短。感覺與整體布局不甚契合。改寫㈠改爲第一人稱角度。
2. 建議以己例呈現，或如改寫㈡以多例並舉方式呈現。

(一)　母親總向我談起她的焦慮。在昏黃的燈光下翻著雜誌，傾聽著時鐘滴答作響，幾乎讓她的心跳也變成同樣倉促的頻率。偶爾也會在窗椅之間，來回逡巡，構築著不同的想像。像是我被反鎖門外，枯坐一夜；或在路上突遇不測，令她老淚縱橫；或是家燈已熄，致使我難覓歸路。她的焦慮，來自於母慈深重，累世難消。（139字）

(二)　慈母的焦慮，來自未歸的遊子，憂其迷途難返，突遭險釁；老闆的焦慮，來自難測的盈虧，因客户煩心，爲營收傷神；學生的焦慮，來自殘酷的成績，難藉以兑換未來，也無法憑此量化實力。焦慮來自於那可得與不可得之間，令心神搖擺無定。（107字）

18 敘事語焉不詳

原文

題目／焦慮　段落／第二、三段　學校／新莊高中　作者／陳昱妍

曾經因爲害怕站在舞臺上，看見臺下觀眾的目光，而焦慮不安，那種頓時手足無措，腦中一片空白，還有缺乏安全感的感覺，讓我慘遭滑鐵盧。經過那次慘痛的教訓，我瞭解焦慮的其中一個原因是事前準備不周。焦慮，就像考試，能看出是不是能夠站上舞臺，是否已經做好萬全的對策準備應戰。

後來有次，有機會參加比賽，因爲有了上次的教訓，在賽前好幾個月，我拚命地練習，就怕像上次一樣。焦慮，在我準備比賽的這段期間，不斷地督促我加緊練習，因爲焦慮，我不讓自己怠惰，不讓自己有任何的機會會發生那樣的事情。比賽當天，雖然心中依舊焦慮，但因爲先前的練習很足夠，我順利地比完賽，並得到不錯的成績，是焦慮，讓我進步，把我推上高峰。（293字）

解釋

1. 作者只提及參加比賽，卻未表明：是何種比賽？做了什麼練習？準備爲何不周？發生了什麼狀況？如何改

進？登上了怎樣的高峰？讀完仍舊摸不著頭緒。

2. 改寫的色字，加強了焦慮的描述，因其爲本文重點。

改寫

首次參加校內演說競賽，因舞臺經驗不足，畏懼觀眾與評審的目光，焦慮不安，手足無措，腦袋中的文稿漸次被空白呑噬，口不成言，更添惶恐，額頰滿布汗珠，心跳猛若驚鼓，腦袋暈眩迷茫，直至鈴響下臺，才解除身體的緊繃。最後，自然名在孫山外。返家自省，發覺焦慮肇因於自己的準備不周，踏實籌備，儲備自信，才是唯一的解方。

集訓之初，自然也有焦慮，擔憂又嘗敗績，害怕臨居畢業已無再戰機會。但此刻，我並無自亂陣腳，反倒利用焦慮督促自己加緊練習，不怠惰虛擲。隨著練習次數頻增，焦慮漸消，重新登上曾失足的舞臺，我已穩若青山。（247字）

19 事情緣由要說清楚，不要浮泛帶過

原文

題目／一處好地方　段落／第三段　學校／新莊高中　作者／楊喻婷

在山中可以暫時忘掉煩惱，可以盡情忘我地放聲大叫，可以宣洩平時壓抑已久的情緒，所以我喜歡與它做朋友，它會給我溫暖，為我加油打氣，得以面對未來的挑戰。我想這也是我們全家人喜愛她的原因吧！（91字）

解釋

1. 原文沒有點出作者在煩惱什麼。煩惱有很多種：人事的紛擾、對未來的迷茫、對己身的失望皆是。若不點出煩惱之由，便顯得不眞實，不是你個人之體驗。
2. 山林令遊人溫暖自在，尚可接受；若是加油打氣，便顯太過，何不改成「補充能量」？

改寫

在山中可以暫時拋卻升學的煩惱，擺脫書冊的夢魘，盡情忘我地長嘯，將積

鬱胸中的苦悶與壓力，隨之傾洩，然後從花草林木間汲取能量，以迎對未來的挑戰。下山時，我與父母相視而笑，彷彿從山林裡，我們都得到了某種程度的慰藉。

（104字）

20 結果與原因，要完整說明

原文

題目／永恆　段落／節錄第三、第四段　學校／新莊高中　作者／葉湘晴

但升上高中的我卻不再這麼認爲了，龐大的升學壓力有如猛獸壓得我喘不過氣……

憂悶而無助的我找不到前進的力量，直到看見初上幼稚園的表弟正在唸著「人之初」，那滿溢笑容的臉點醒了我，這才是讀書的眞諦啊！原來這才是我所追求的。……（73字）

解釋

1. 請問那笑容代表了什麼涵義，才足以點醒你？
2. 請問讀書的眞諦爲何？什麼是你追求的物事？
3. 講出結果後，原因也要寫清楚，才能讓讀者理解。
4. 也可注意改寫部分，對於弟弟唸書的模樣多加著墨，加強畫面的生動感。

改寫

憂悶無助的我，不知所學何事，找不到向未來前進的力量。直到看見初上幼稚園的表弟，童音嘹亮，朗誦著：「人之初，性本善……」然後追著我問：「姊姊呀，這是什麼意思呢？」彷彿在他眼中，背書識義並非折磨，而是理解天地萬物的途徑，通貫古今思想的工具。我恍然大悟，這才是讀書的眞諦啊！也是我遺忘多時的初衷。（145字）

21 該細部描寫的部分，不應一句話帶過

原文

題目／平淡的真諦　段落／第二段　學校／新莊高中　作者／蔡博任

其實我也很喜歡平淡，我反而不太喜歡太過吵鬧的場合，運動會、園遊會雖然玩得很盡興，但我反而更喜歡在班上度過的每一天。有人會問日復一日的上課不會很無聊嗎？也許是吧？可是下課聊天很有趣、沒補習時很期待放學，看似普通的日常也能因爲擁有自己的小小幸福而感到快樂。（126字）

解釋

應該著重描寫的部分，便須擴展篇幅，此處欲藉「下課聊天」、「放學空閒」兩事呈現「平淡的眞諦」，若能加強「敘事描寫」、「心情感觸」便可完整。

改寫

其實我甘於平淡，不太喜歡過於喧囂的場合，在户外舉辦的運動會、園遊會雖

然鬧熱沸騰，對我來說卻是一種虛浮的快樂。有人曾問起我，日復一日地上課不會乏味無趣嗎？我卻認爲，平淡中的快樂與驚喜，更雋永難忘。像是課餘與朋友的嬉笑打鬧，緩解課程傾軋的苦悶；補習行程忽然取消，便多出一段空白時間，隨己運用揮霍，可能讀完一本期待已久的小說，可能大睡一場，製造一個甘甜的美夢。這些微小的平凡事件，都帶給我十足的幸福感受。（199字）

22 敘事要切中要點

原文

題目／真正的贏家　段落／第四段　學校／新莊高中　作者／沈昀萱

當然每個人都想得到實體的名聲，可是輸了也不代表沒有資格贏啊！撐到最後一刻、不畏艱辛的人就是自己的贏家。從六歲多開始一直到十二歲，我天天都在外語環境中待好幾個小時，一天說的英文不比中文少，我很敢講話，即使講得不一定正確。高一的英文演講比賽我誤打誤撞得到了第二名，因此被派去參加全市的比賽，二三個禮拜的密集訓練，我很努力地想充實自己。比賽當天我很盡力了，也認識了各方好手，從小在國外生活的、混血兒等等，他們有我永遠得不到的背景，其實早在報名前就知道不會得名，但我還是盡力表現，將榮耀歸於神。（244字）

解釋

1. 題目〈眞正的贏家〉，應該表現的是具有風範的「第一名」，或是敗而不餒的「輸家」。
2. 但此段開頭的論述過於口語，其後的「從小浸淫外語環境」、「高一得獎」、「認識各方好友」其實與題目都無甚相關，應該略去。要加強的是你努力的過程。

改寫

每個人都想名顯天下，卻忽略了失敗也自有收穫與意義。猶記去夏，挾著校內英文演講亞軍的資格，準備挺進市賽，是故展開了一連串的培訓。擬稿、潤飾、背稿、聲情、姿態，我與老師細細斟酌，反覆刪修，降低瑕疵與失誤，以求一場完美的演出。比賽那天，選手們的講演都流利且生動，外國人似的聲腔和咬字，讓觀眾掌聲不絕。雖知人外有人，但我卻未曾怯場，自信從容地結束了這一次的挑戰。雖然意料之中，未能得名，但我的外語表達能力卻因此大有突破，也賺得了一次難得的舞臺經驗。勝固欣然，敗亦可喜，我雖然不是比賽的勝者，卻是突破自己的贏家。（251字）

23 要懂得抓出、強調事情的轉折點

可參看《作文課後》CH4〈15 段落不要過於零碎〉。

原文

題目／改變之後　段落／第三、四段　學校／新莊高中　作者／林思彤

一日，當我正處於紊亂的思緒以及苦惱，想找個人來宣洩時，頓時發現我連一個能談心的朋友都沒有。這使我有所感觸，若我再繼續下去，這絕對會使我無法繼續走下去。我決定改變自己，敞開心房，對身旁的事物更關心。

看著現在的我，實在感到欣慰。從當時那個個性冷淡、對事物漠不關心的國中生成長到現在已能對生活充滿希望、處事更圓滑的高中生，我確實成熟了不少。我的心中不但充滿了信心，對於新事物也都會加以嘗試，較開朗的態度的確使我的人際關係增色了不少啊！（214字）

解釋

1. 敘述事件，前因、轉折、後果、感想，可有多寡之分，但缺一不可。
2. 尤其是事情的轉折，若沒交代好，會讓人家覺得摸不著頭緒（不清楚），或搔不到癢處（不細膩）。
3. 像是本文，只有第三段一句：我決定改變自己，敞開心房，對身旁的事物更關心。如何敞開心房呢？過程

改寫

一日，當我正處於紊亂的思緒以及苦惱，想找個人來宣洩時，頓時發現我連一個能談心的朋友都沒有，這使我有所感觸，若我再繼續下去，人生將孤寂無依。我決定改變自己，不再悶坐於家中，踏足綠水青山，開闊了視野與心境；並且多關懷周遭朋友，適時給予他們協助；最後還學會了一些幽默的語言，讓有時枯悶的氣氛，可以熱鬧舒活起來。朋友除了訝嘆我的改變，也給我不少掌聲。（171字）

24 轉折太快，難以令人信服

原文

題目／舞臺　段落／第三段　學校／新莊高中　作者／蔡旻諺

但這個聖地，卻可能成了刑臺，魔術的失敗、馬戲團的意外等也是屢見不鮮，輕則遭到噓聲、冷眼，重則受傷甚至喪命，再也回不了舞臺。而我也曾經畏懼過它，當時看著體育館中心蓋好的舞臺，不知爲何心中想要表演的雀躍感已蕩然無存，取而代之的是不安及恐懼，「我出糗了怎麼辦？」、「我的表演會不會配不上？」等想法不斷在心中糾結，直到在學長姊的開導下，加上幾次在臺上的排演，自信與興奮才又重新充滿體內了，再見到它時，眼中所見，已是聖地。（206字）

解釋

原本懼怕的作者，居然有辦法轉思換念，可見其中轉折極爲關鍵。但作者卻用「直到在學長姊的開導下，加上幾次在臺上的排演」兩句話帶過，極難服人。

改寫

但表演者若虛浮無才，這充滿榮寵的聖地，可能變成令其畏懼的刑場。身爲熱舞社員的我，獲邀在嶄新落成的體育館舞臺表演，當我站立其上，心中原本滿溢的雀躍頓時蕩然無存，取而代之的，是出糗的恐懼及不安。學長姊看見我的消頹，對我直言：站上舞臺，靠的是自信，而自信奠基於充分的彩排與習練。我才恍然大悟，只要不斷地修正錯誤，定能對滿場的觀眾展示最完美的演出。那日表演結束，並無尖銳如刃的噓聲，反倒是溫煦似日的掌聲環繞著我。那時我才確信，自己眞正是一個成熟的表演者了。（224字）

25 試著擴展每一個情節的形容

原文

題目／逆境　段落／第二段　學校／新莊高中　作者／鄭勝文

剛進入高中時，我一個認識的人也沒有，我感到害怕和無助，國小、國中都待在同一個小鎮，大多人都已認識，所以沒有這個煩惱。當時每晚回到宿舍，都感到寂寞。母親知道後，每晚都會打電話和我聊天，她鼓勵我，要克服恐懼，主動去認識新朋友。有了母親的鼓勵，我有了勇氣，克服了逆境，交到了朋友。（137字）

解釋

1. 原文行文倉促，沒有在適合放慢速度的情節上，細細描繪。如自己一個人都不認識的慌張，如自己感到害怕的心裡描寫。
2. 試著將某一件小事、某一種情緒、某一個畫面，用二句話以上去描述。

改寫

初入高中，負笈異鄉，一個人賃居於學校附近，環境陌生而乏味，也沒有熟識的朋友互相陪伴，相較於往昔在家鄉就學，同學都比鄰而居，此刻的我更感到孤絕。我的笑容逐漸消散，心情慘澹無光，若有一天我突遇意外，相信也沒有人會察覺的吧！我不停向母親提出返鄉就讀的意願。但她說，人總要學著獨立自處，再試看看吧！

晚間回宿，母親經常撥通電話給我，只爲緩解我的鬱悶，一條音線翻山越嶺，緊緊牽繫住我，消除我被遺棄的慌張；恰好，好友也適時地出現在生活中，陪我夜讀談天、打球用餐；我也告訴自己，該長大了，人生，總需要自己勇敢跨步追尋。

那時我突然明瞭，身處逆境，最需要的便是親友的陪伴。他們慨贈的愛緊緊地包覆住我，不被這些挫折苦痛所傷。（300字）

26 敘事的對比感

原文

題目／我與別人大不同　段落／第二段　學校／新莊高中　作者／黃乙峻

某次暑期的營隊，我擔任了小隊長一職，在初日羞澀的氣氛中，我毅然自願地接下此職務，而外向的我，也已和鄰座開始寒暄；小隊氣氛在晚會時達到最高點，憑著幽默的劇本和我不畏臺下千百道目光的勇氣，劇情大受好評；在最後一日交換感言的大紙上，我得到了讚賞和勇氣可嘉的評價。原來在不經意的外向表現下，容易吸引目光，更得到與眾不同的辨識度，曖曖內含光或許沉穩踏實，但一顆光澤剔透的鑽石，若未能有一張完善的說明書，豈不毀了其前程。（204字）

解釋

1. 題目爲〈我與別人大不同〉，最重要的，就是要呈現「我」與「別人」的「不同處」。
2. 原文以營隊一事做材料，寫到自己的熱情，就可帶些隊員的膽怯；寫到自己的多才，就可帶些隊員的無措。
3. 若文章須呈現對比性，務必在敘事時表達出此概念。

某次暑期營隊，在眾人的推託與畏怯下，我挺身接下小隊長一職，負責鼓舞士氣，分派工作。我努力與隊員寒暄，試圖驅走陌生感，我清楚必得有所交流，才能營造出小隊的向心力。迎對最末的晚會，隊員們都有些膽怯，面對上臺的惶恐，也不知如何貢獻己力？我除了將角色分妥，然後請女孩巧手製作道具，慣於闊談的男孩則爲劇本加添笑料。

晚會時，我不顧形象的演出，也解放了原本拘謹的隊員，他們用著誇張的方式搞笑，引來了其他隊伍的掌聲。最末，隊員們給我的小卡上，留給我勇氣可嘉的評價。我想，曖曖內含光或許沉穩踏實，卻無法擁有感染旁人的力量。我對於自己與別人大不同的熱情特質，深感驕傲。（274字）

27 方法與做法，是敘事中重要的部分

原文

題目／焦慮　段落／第二、三段　學校／新莊高中　作者／黃悅慈

還記得音樂課要表演時，那時的我害怕極了。一想到要面對臺下的同學與老師時，一股恐懼感就會迎面而來。所以在練習唱歌時我總會一邊想像在臺上時的情況一邊模擬如果眞的忘詞該怎麼回到穩定狀態。不過當那表演的日子來臨時，心中的焦慮卻沒有因爲那努力的練習而減少。站上臺那瞬間好幾個念頭閃過——逃走好了？等一下忘詞怎麼辦？放棄好了？等一下破音又該怎麼辦？但我想起了之前所做的練習與努力，難道那麼我會捨得讓它白白浪費嗎？不，我做不到。所以我決定面對那焦慮與它正面交戰。

雖然結果並沒有很令人滿意，但經過這次的經驗我瞭解，克服恐懼遠離恐懼的方法就是面對。一旦面對，那些焦慮就會統統消失不見，因爲等你爬完了上坡，等著你的就是輕鬆的下坡了。（304字）

解釋

1. 相較原文第二段的最末句，迅速地自焦慮變為正面思考。改寫處，安排自己在中間配樂的空檔，得以轉思換念，較爲合理。
2. 且應稍述克服焦慮的想法或做法，具體呈現其中過程。

改寫

待得曲間伴奏響起，我重理思緒，想起剛剛的失態，極爲慚愧，難道自己甘於讓焦慮，抹煞了前些日子在家中的練習與努力嗎？不，我做不到，我決定與焦慮正面交戰。調整心律，將臺下眾人視作無物，摒除腦海雜念，只細思旋律的跌宕與歌詞的意境，下半段的表演，終於回復水準。（123字）

28 不要只寫一件事，還要寫出什麼事？怎麼做？

原文

題目／我與別人大不同　段落／第三段　學校／新莊高中　作者／陳誼丞

如果眾人認爲我不愛讀書是一種缺點，但在我眼裡我卻覺得我都是把不讀書的時間拿來做我認爲有意義的事，因爲我認爲臺灣的教育僅僅只是齊頭式的平等，未來出社會後，人人皆需一份工作，我的想法告訴我，要有獨特的創意才能讓工作需要你，而不是你需要工作，齊頭式的平等讓原本獨特的個體成爲一個個複製人。（141字）

解釋

作者說想做有意義的事，那什麼才是有意義的事呢？沒有說清楚。

改寫

多數人認爲我不愛讀書是種缺點，我卻以爲對有意義的事情付出，才算不枉青春。臺灣的教育只是齊頭式的平等，只爲教養出一個個沒有特色的複製人，我不甘自己如此沉淪。我對於機械構造深感好奇，曾經覓找書籍研究其中學理，並手執工具，爲家裡故障的機車做簡單的維修處理。我的想法認爲，要培養屬於自己的獨特技術來吸引公司的徵才，而非爲了求職，隨波逐流，甘於平凡。（170字）

29 敘事安排不當

原文

題目／鄰座　段落／第二、三、四段　學校／新莊高中　作者／蔡欣庭

我望著坐在我身旁的母親，她正專注地聽著外婆說著母親的童年趣事。媽媽時而大笑時而哭泣，都是隨著外婆的一言一語。她美麗的外表，隨著我的成長，多了些小小細紋。她光榮煥發的神采，隨著我長大，看起來多了些許的滄桑，但這些都無法抹逝掉她在我心中那女神的地位啊！她原來烏黑的頭髮似乎也多了幾絡煩惱銀絲。看到這裡，我心中特別地感動。「我鄰座的這個人，為了提拔我長大，不知道是經幾番的波折才有今天的呢？」我心中這麼想。

母親望著外婆，那眼神令我鼻酸，有種道不出的感覺湧在我心頭。當母親的手移往外婆的頭上撥動著外婆的白髮，我猜想她一定是在後悔她年少叛逆時所說的話，外婆是多麼難過吧！母親有時暢談有時沉默，她的神韻是多麼慈祥。

母親就是最常坐在我身邊的人。鄰座可以是同學也可以是陌生人，但我希望我的鄰座可以是我摯愛的母親，永遠永遠。（353字）

解釋

1. 敘事次序有問題，上下句無法連貫處極多。
2. 敘事要有層次，一下子是「媽媽VS外婆」，然後是「我VS媽媽」，然後又跳到「媽媽VS外婆」，漫無章法。
3. 應該在第二段專注描寫媽媽看外婆，第三段描寫我看媽媽，讓兩個段落有出現兩代情感的層次。

改寫

外婆居中，母親與我分坐兩旁，祖孫三代共同偎靠在長形的沙發上。外婆忽然說起母親的年少往事，時而聰敏貼心，時而率直兇悍，母女間的關係緊繃至極，外婆傷神苦惱，不知已哭過幾回。母親伸手撫弄著外婆額前的白髮，細細地將之收攏在耳後，笑著說當時幼稚無知，現在長大懂事了。然後順勢拉了外婆乾皺的手，撒嬌似地輕拍，彷彿變成了那個賴在母親身上的女孩。

我靜默在旁，突然覺得時光轉徙之倏，母親在那些陳年往事中的跡影，與我多麼肖似，與同學衝突，和老師對罵，事後都是由母親低頭賠罪，爲我善後的。她的脾性，是什麼時候變得柔軟的呢？是在生養我之後嗎？我以後也會有這樣的改變嗎？

我側身看了看母親，原本黑髮如綢，已漸皓白，眼尾的細紋、指掌間的繭痕，雖無礙於她的美麗，但仍告訴了我，她用青春去典償了我的成長。孩提時她坐在我的身旁，教我指物識名；初長時她陪伴在我的身旁，爲我遮雨擋風；如今她仍守候在我的身旁，盼我振翼高飛。

在身旁的舅舅，突然嚷著，從某個角度看過去，我們三人的側影極爲相像。迫不及待地，爲我們留下了合影。我突然明白，外婆之於母親，母親之於我，我們都爲對方留下了一個永不更易的鄰座，彼此陪伴取暖，笑說當年。（489字）

30 無助文章敘述的文句不要出現

原文

題目／鄰座　段落／節錄第二段　學校／新莊高中　作者／李育涵

我偷偷瞄了一眼，是個男生，還是個混血兒，其實當下我還不能夠確定他到底是外國人還是混血兒，可是我看見他在看中文書，所以我認爲他是個混血兒。（68字）

解釋

對方是混血兒對文章的敘述有影響嗎？爲何要繞口令似地不斷重複？

改寫

我偷偷瞄了一眼，是個金髮碧眼的男孩，手裡捧著一本中文書，專注地翻看著。他身上混著華人的血液嗎？還是個酷愛中華文化的交換生？怎有能力去解讀這些形貌各異的中文符號？（80字）

31 不重要的長話可短說

原文

題目／我理想中的教育環境　段落／第三段　學校／新莊高中　作者／葉湘晴

反觀芬蘭的教育就不是如此，學得精且依興趣發展是他們的教育理念。《芬蘭經驗》一書曾提及，芬蘭的上課時間一日不超過五小時，但芬蘭的孩子卻具備國際觀，每人至少會三種語言，包括：芬蘭語、丹麥文以及英語，另外還開設了德語及法語的選修。一個北歐小國卻能如此國際化，這讓我大開眼界，我想他們的教育政是臺灣所缺乏的。（150字）

解釋

1. 先注意比例原則。《芬蘭經驗》是一本談芬蘭教育的專書，萬字以上，所以將學什麼語言寫得鉅細靡遺是正確的。
2. 但以一篇五百餘字的文章而言，便顯得有些多餘。應該將這些篇幅拿來闡述語言的重要性。
3. 學習語言不代表國際觀。
4. 上課低於五小時與後面的兼擅各國歐語似乎不甚相關。

改寫

反觀芬蘭的語言教育便非如此，《芬蘭經驗》一書曾提及，芬蘭孩子除本國語、英語之外，還兼擅多國歐語。這樣突出的語言能力，使芬蘭人取得了通往世界的捷徑，接受首發訊息、認識多元文化皆通暢無礙，進而造塑了極佳的國際觀，深入瞭解全球情勢脈動便成爲他們的謀生祕技。（125字）

32 話不用說盡

原文

題目／相信　段落／第二段　學校／新莊高中　作者／陳建霖

許多人從小就有著雄大的抱負，但在社會化的旅途中，被那現實無情地破碎，逐漸地，我們聽見了譏笑，聽見了否定，更甚是聽見了現實對我們的控告：「像你這樣的人，也妄想著成功？你看看你的外貌！你看看你的德性！你看看你有多無能……」因著這些話，我們的信心搖搖欲墜，不再相信這層大方自信和別人分享的夢想，反而選擇了放棄逃避，成爲了臣服於「不相信」的信徒。（169字）

解釋

1. 話不用說盡，因爲讀者可以知道你接下來要說什麼。
2. 話不用說盡，因爲要營造一種餘韻和想像。
3. 話不用說盡，因爲說盡了就落於現實，失去了文學的美感。
4. 話不用說盡，因爲多留些篇幅，補強更重要的段落。

改寫

許多人從小就有著雄大的抱負，但在社會化的旅途中，被那現實無情地破碎，逐漸地，我們聽見了譏笑，聽見了否定，更甚是聽見了現實對我們的控告：「像你這樣的人，也妄想……」因著這些話，我們的信心搖搖欲墜，不再相信這層大方自信和別人分享的夢想，反而選擇了放棄逃避，成爲了臣服於「不相信」的囚徒。（141字）

33 說話太多，應精簡之

原文

題目／舞臺　段落／第三段　學校／新莊高中　作者／張師維

四十分鐘的魔鬼訓練結束，教練喊了集合的口令，所有人迅速聚集到教練前方蹲下，教練看著我們說：「運動員的舞臺是比賽，每次的比賽有如表演者上臺演出，他們在站上舞臺之前也需要練習，相信也非常嚴苛，所以當演員在舞臺上表演只爲了換得觀眾的肯定，觀眾的掌聲能抵過他們練習時流過的汗、流過的血淚，你們也是，唯有堅持才能成功。」（156字）

解釋

1. 考場作文絕非撰寫小說，對話的成分應減省，多依循作者思維行文。
2. 原文對話即占全文四分之一，試著濃縮在三句內，其他部分改化爲作者的感懷。

改寫

四十分鐘的魔鬼訓練結束，教練喊了集合的口令，所有人迅速聚集到教練前方蹲下，教練指著田徑場説：「這裡便是你們的舞臺，你們的血淚汗水便注定澆灌於此。」是呀，當我們在賽道奔跑時，全場觀眾的視線隨我游移，掌聲爲我響亮。我們不斷地練跑，就如同表演者反覆地彩排，都是爲了完成一場精采演出，不枉觀眾的期待。（146字）

34 敘事要細膩

原文

題目／鄰座　段落／第二段　學校／新莊高中　作者／周家賢

上了車後，原以爲可以找個座椅坐下，但滿車的人讓我只能打消念頭，但這時一旁的老先生讓出了旁邊的位子，他濃厚的外省腔讓我一時聽不清楚他說了什麼，他也揮手示意我坐下，滿頭的白髮在燈光閃著銀光。他凝視著窗外，「這裡是楠梓嗎？」他問。他說他已有十多年沒回到這裡。我望著他，時光在他臉刻下一道道疤痕，穿著樸素的衣服，也沒有昂貴的首飾，只有一個人，手裡拿著一只皮箱。

（176字）

解釋

1. 題目爲〈鄰座〉，應該要仔細描寫鄰座之人的種種，此段的描寫卻不細膩。
2. 既要描寫落葉歸根之感，除了凝視的動作，應該還可以寫出嘆息、喜悅、發呆沉思……
3. 節省篇幅、時間，直接切入重點。上車坐下即可，無須解釋那麼多。

改寫

上車後，一個老人身旁的位置無人入座，我遂安坐其上。老人身上有股特殊的體味，交雜著衣服的陳舊霉味，有些擾人。我用眼角餘光瞥視，只見他專注地往窗外看，嘴巴喃喃道：「這裡完全無同款囉……」

我聽懂了他話中的無奈。須耗費多少年光，才致使他不辨故鄉呢？他是徙居的旅人，還是逃家的孽子？無法在青春的年歲，踩著故土茁成，聽著鄉音長大。

他靠著椅背，眼睛緊閉，滿頭白髮在窗口陽光的映射下，閃亮如銀。他在思索離家那日的景況嗎？母親的叮嚀、巷口大樹的垂蔭、鄰家女孩的笑容……然後拎著布包，頭也不回地離開了。忽然，老人淺淺地嘆了一口氣，試圖爲這些過往做個註解。老人也沒有被歲月輕饒，我看著他被皺紋爬滿的面容，或許此地的蟲魚花草，定會誤解他是個過客了。（310字）

35 避免變真為假，試著弄假成真

原文

題目／鄰座　**段落／第三段**　**學校／新莊高中**　**作者／方靜緯**

終於，我忍不住向他問出心中的疑問。「伯伯您很無聊嗎？您在低頭沉思什麼呢？」他給了我一個令人驚訝的回答：「我在想，每個人的人生都能使自己滿足嗎？」同時我也在思考，人生能使每個人滿意嗎？但我不確定，我唯一能確定的是——人生掌握在自己的手上，該怎麼過由自己去抉擇，沒人能替你決定。（138字）

解釋

1. 千萬不要把自己眞實經歷寫得像揑造。更要學著將自己設計的事件，寫得如同眞實發生。
2. 與鄰座的對答，怎只有一句話？而且完全沒有收尾。
3. 後半段的說教意味過重。

改寫

那男人終於抬起頭，以一個長輩的口吻詢問我：「你覺得每段人生，都有辦法充實滿足嗎？」聽見這樣嚴肅的話題，我心頭一驚，揣想著對方的生命是不是遭遇一些波折？我看見他的眉頭緊蹙，直盯著我，等待我吐出一個答案。我想起前陣子比賽失利的經驗，於是與他分享：只要傾注心力，縱使無法圓滿，至少也坦然無憾了。他點了點頭，不置可否，又轉望機艙外的白雲青天。（167字）

36 真實事件的陳述，較少漏洞

原文

題目／冒險　段落／第三段　學校／新莊高中　作者／郭永昱

為何要到蒙古受折磨？有人這麼問我，我想也許是一股不忍人之心促使我冒著受苦受難的風險也不顧地前往吧！下了飛機剎那漫天黃沙飛舞，烈日直刺進肌膚，我們上了車開往一處偏遠的小學。到了學校，一群瘦小的孩童一擁而上熱烈的小手牽著我們熟悉環境，明天我們即將帶領他們遨遊於歡樂之中。（133字）

解釋

1. 詢問作者，為何抵達該處後，沒有任何心情的波瀾？作者坦言，此故事為虛構。
2. 文章間的敘事，眞實與否，多少會在字裡行間顯露。故建議取材應從親身體驗出發。即使要擬撰部分情節，也應深思熟慮現實情況。
3. 中間許多長句未有標點。

改寫

為何要到蒙古受折磨？有人這麼問我。可能是因為大漠風沙的浪漫，可能是因為遊牧文化的召喚，但最重要的，是想體察另個世界的需索，並思索自己能否貢獻什麼？初來乍到，原以為會看見學童在破落的蒙古包中，艱苦習字的畫面，孰料，近年來自各方的贊助，逐漸在碧青草原上，零星地建起現代化的校舍。我擔憂且好奇地思考，這裡的孩童該學些什麼？漢文或蒙語？科技新知還是部族歷史？籃球競賽抑或馬術摔角？

很快地，我心中的疑問有了解答。在迎賓的場合上，校長……（213字）

37 敘事要兼顧合理性

原文

題目／雨季的故事　段落／第一、二段　學校／新莊高中　作者／王巧瑩

帶有些涼意的清晨，傳來滴答的敲打，往窗外探去，似乎下起了毛毛細雨，便快速起身梳洗提早出門，就怕這天空忍不住了淚水。途中雨漸漸下得密集，腳使勁得踩著踏板，眼前的視線漸漸模糊不清，髮梢被點綴著滴滴雨珠，滑落在臉龐又悄悄溜到耳後，風從袖口灌滿全身上下，沁涼的感覺使我早上的睡意一掃而空，這或許就是雨天的唯一好處吧！

終於到校停好了車，老天似乎開了我一場玩笑，下起如瀑布的傾盆大雨。本以爲車棚到學校的距離只需幾秒鐘的路程，現在卻如汪洋般兩國相望，無助地站在棚裡擦乾自己的頭髮，還妄想著這場雨什麼時候能爲我停一歇。此時一段溫柔的問候從身旁傳來，一位拿著傘的學姊邀我一起過去，我便毫不客氣地立即鑽進狹窄的傘下，不停地謝謝她的幫忙。在這幾十步的對話裡，互相瞭解彼此的姓名和類組，分享各自求學中的辛苦點滴，她要我好好努力加油別荒廢了高二的精采生活，我也爲她打氣能考上理想大學，在溫馨的氣氛下道別走往教室，最後的那一抹微笑讓我都

忘了途中的狼狽。事後每回想到這短暫的雨中回憶，我體會到人與人之間發散出的溫暖，溫暖我身也溫暖我心。（453字）

解釋

敘事要兼顧合理性。幾十步的對話，約四分鐘左右，要互報姓名與類組、彼此打氣尚稱可行，但若要分享各自求學的辛苦點滴，便讓人覺得奇怪，何況當時還大雨滂沱，喧鬧混亂，怎容兩人慢慢攀談？

改寫：原文色字

在這短短幾十步的路程中，我們交換了班級與姓名，學姊身上扛負著升學壓力，直叮嚀我要趁早準備，莫到時才慌了手腳。我也為她將臨的大考獻上祝福，然後便彼此微笑告別。（78字）

38 敘事要能符合讀者的期待

可參看CH3〈02 詳加描寫——畫面〉。

原文

題目／我與別人大不同　段落／第二段　學校／新莊高中　作者／蕭宜珊

我的外貌稱不上突出，既沒有渾圓潤澤的雙眸，亦沒有能令人一見傾心的迷人微笑，只能恰好融入在人群中作爲平凡的背景。不過卻有人曾向我談起對我的第一印象，我從沒想過自己的氣質在別人眼中是如此特別，足以使他人對我產生濃厚的興趣。他提到第一次相遇時，看著我飄逸的長髮隨腳步輕輕搖曳，動作輕柔溫婉，本以爲是甜美可人的鄰家女孩，沒想到竟是終日面無表情，冷若冰霜。而後在他經幾日觀察下，他發覺靠近我時反倒能感受一股暖流在心口竄動，這才使得他鼓起勇氣，開始首次的交談。（224字）

解釋

當讀者讀到「不過卻有人曾向我談起對我的第一印象」，後面應會期待「作者描述自己的第一印象」，而非「我從沒想過自己的氣質在別人眼中是如此特別」的感想。

改寫

我的外貌稱不上突出，既沒有渾圓潤澤的雙眸，亦沒有能令人一見傾心的迷人微笑，只能恰好融入在人群中作爲平凡的背景。有人曾向我談起對我的第一印象，他說：看著我飄逸的長髮隨腳步輕輕搖曳，動作輕柔溫婉，本以爲是甜美可人的鄰家女孩，沒想到竟是終日面無表情，冷若冰霜。

只是幾經觀察後，他發現我的內在並非如此，靠近我時反倒能感受一股暖流在心口竄動，這才使得他鼓起勇氣，開始首次的交談。我從沒想過自己的形象在別人眼中是如此特別，疏離中帶有一點溫暖，足使他人對我產生濃厚的興趣。（229字）

39 敘述的單向與雙向

原文

題目／最好的時光　段落／全　學校／新莊高中　作者／方靜緯

最好的時光是可令人永生難忘的，它也可令人一再地回味，不因時光流逝而變質。它也是我們回憶過最多次的一段時光，即使歷經遙遠，現在回想起來仍可露出甜蜜微笑。

對我來說，最好的時光是與爺爺一同嘻笑、玩樂的那段時光。國小時，每當我放學後，爺爺總會不辭辛勞地來載我，問問我：與同學相處得如何？有什麼不開心的事嗎？對我關心備至。吃飽飯後，爺爺總會問是否要和他一同去尋寶，我倆就一起奔去古董市場尋找寶物。爺爺最喜愛收藏古董，家中一面書櫃上林林總總的古董全是爺爺一點一滴慢慢收藏的。在古董市場中，爺爺會拉我一攤一攤地去尋找，直到買到一尊令他喜愛的古董。

但這段快樂的時光在爺爺去世後，就不復存在了。唯一存在的就是那面收藏櫃，它不僅僅收藏了古董，亦將我與爺爺的回憶收藏其中。每當我想起爺爺，我便會站在收藏櫃前沉思，回想我們爺孫倆過去那段最美的時光直到現在。

最美的時光對每一個人的定義皆不相同，但我相信這段時光必定與自己生命中最重要的人相關，因爲如此我們才會將那段時光視爲是自己最美的時光。（431字）

解釋

1. 既然第二段的重點敘事，出現的是兩個人，便要呈現一種雙向的互動，才會生動。何況，本題爲〈最好的時光〉，是作者心目中最好的時光。在敘述中，卻完全沒有自己的感受或影響，很難令人信服。
2. 爺爺與作者間的情節，著墨不多，也難撐起後面的感懷。

改寫：（原文第二段）

對我來說，最好的時光是小學時，與爺爺偎伴的生活。由於父母工作忙碌，都是由爺爺打點我的生活。每天放學，佇立在校門外的爺爺身影，彷彿是一幅恆常的風景，然後我們便共乘一臺機車，循著落日歸航。一路上我嘩鬧地說著今日校園的種種故事，爺爺只是微笑諦聽，蒐集著我的成長與心情。

假日，酷愛古玩的爺爺，便會約我前往古董市場尋寶。陶瓷的掌故、書畫的筆觸、玉石的色澤，爺爺一面鑑賞，一面試著用淺顯的話語說與我聽，他總說：古代的物事，少有粗製濫造的，一看便明。這樣的傳承與浸潤，讓我對於古物也興致盎然，自有見解。家裡有一整面書櫃，擺的都是爺爺的精心收藏，每一件的來歷我都知之甚詳。（278字）

40 敘事後，要有感想

原文

題目／發現　段落／第二段　學校／新莊高中　作者／鄭勝文

我不想成爲這樣的人。心靈缺乏感動，彷彿行屍走肉一般。我常利用週末假日，到鄰近的山林間，四處走走。過程中，我發現一隻猴子，看到一個人躺在吊床上午睡，便學他躺在另一吊床，不曉得是否睡不慣，很快就跑走了；我發現一隻鳥，不斷地在一棵樹上來回飛行，似乎是在找餌，好來餵食剛出生的雛鳥。（137字）

解釋

文章中的敘事，一定要能搭配題目的意涵。也就是，作者援引任何事例前，一定要思考，我說了這個故事，有任何意義嗎？有它存在的必要嗎？

改寫

我不想成爲這樣的人，心靈缺乏感動，我希望自己主動去發現世界的不同風貌，發現已知外的種種未知。記得某日深入山林，驚見許多有趣情景。看見獼猴學人仰臥在吊床上，但重心不穩，一會就跌落地面，倉皇跑走；我也看見母鳥盤旋林間，覓尋蟲子返巢餵雛。這樣的發現，讓我突然覺得萬物皆有靈性，偶有玩心，藏蘊母愛，絕非耽溺吃食的獸禽。（155字）

41 記敘抒情文不要強加生硬的感想

原文

題目／我的教室　段落／第三段　學校／新莊高中　作者／陳冠宏

但是我的教室有時也會因爲太過歡樂，而討來一頓罵，這或許也是我教室現在最需要改進的地方。我們要能夠在快樂中學習，但也不能影響其他班，希望我們能盡快辦到。（76字）

解釋

1. 原文有許多語意不全處。
2. 段末的感想，十分簡單庸俗，幾近國小學生之語。

改寫

有時，教室幾乎被我們的嬉鬧聲脹爆了，喧嘩不小心自窗户溢出，將教官或是老師招惹了過來，討來了一頓責罵。老師説，教室並不是遊樂場，它用來學習，用來招聚同窗切磋的好友，失序的歡樂，將抹煞了此地的眞義。我彷佛聽懂了，放下手中剛成形的紙飛機，我想，我不該胡鬧，應該長大了。（131字）

42 將筆觸加入情感與詠嘆，會更吸引讀者目光

原文

題目／我理想中的教育環境　段落／第三、四段　學校／新莊高中　作者／王巧瑩

我欣賞芬蘭自由的教育體系，學生獨立而自主解決現實上的疑問，從小便循志向努力鑽研術科，題目寫實且跨科教育，讓數學不再是艱澀難懂，還吸收到各地人文歷史的精華，學以致用的成就感萌生便增加好奇與動力，致使他們成爲最幸福的國家之一，自教育層面探討，即可一窺一國的全貌。

若要營造我所期待的環境，想必是以適性發展爲主要目的，讀取的知識必可實用於日常生活，例如開設多種職業體驗，經過白天的基本教育，下午便可自由參加探詢性向，且從小就該自我摸索，我認爲親身參與簡易認知各行各業才是最直接有利的方法，成人後接受企業直接視察選取人才，雖然這些理想沒有精確的執行方式，但寄寓我對我未來的期望與擔憂。（287字）

解釋

理想的教育環境是一種高遠的希望，若能加入抒情的筆調，效果更佳。

改寫

我理想的教育環境，是讓孩子能夠獨立自主地解決現實上的困境，我要的不是紙筆測驗的資優學生，而是能安頓自己生命的智者。我希望告訴他們每一學科並不是孤立而封閉，而是能夠相互爲用的，數學與經濟關係密切，中文與外文亦能相互詮釋，它們都應成爲我們與世界互動的工具，而非自己成長過程的壓力。

我還想帶領他們，探索社會上不同的工作職場。看看在各領域發光的人，有著怎樣的遠見與謀略；付出時間換取實習的寶貴經驗，方知自己的聰敏與不足；然後叩問自己，這樣的工作與磨練，有樂在其中嗎？還是覺得索然無味呢？能否激發出自己體內的天賦長才呢？我常感嘆著，探詢自我性向是多麼地重要，而現在的教育環境又是如此地忽略。（290字）

43 內心感受的描寫

原文

題目／焦慮　段落／第二段　學校／新莊高中　作者／黃悅慈

還記得音樂課要表演時，那時的我害怕極了。一想到要面對臺下的同學與老師時，一股恐懼感就會迎面而來。所以在練習唱歌時我總會一邊想像在臺上時的情況一邊模擬如果眞的忘詞該怎麼回到穩定狀態。不過當那表演的日子來臨時，心中的焦慮卻沒有因爲那努力的練習而減少。站上臺那瞬間好幾個念頭閃過，逃走好了？等一下忘詞怎麼辦？放棄好了？等一下破音又該怎麼辦？但我想起了之前所做的練習與努力，難道那麼我會捨得讓它白白浪費嗎？不，我做不到。所以我決定面對那焦慮與它正面交戰。（223字）

解釋

1. 心情的描寫不夠深入，只反覆陳述內心的想法，過於單調。且馬上克服了焦慮，轉折過快。
2. 詳盡的描寫情緒感受，應有下列要素：①想法＋②生理動作、反應＋③情緒狀摹。見改寫色字。
3. 原文有一處句子過長，沒有標點。

4. 最末句「不，我做不到。所以我決定面對那焦慮與它正面交戰。」精神突然一振，過於突兀。改寫時將之刪去，宜改置下段，獨立鋪陳。

改寫

猶記音樂課表演前，我心底忐忑惶恐，思及要面對熟識的同學與老師表演，焦慮便隨之而來，尤其站上臺時，心翻腸絞，①數個念頭閃過：要逃走嗎？破音出糗又該如何？會受人取笑嗎？②我站得直挺若木雞，汗珠自額前滴滲，心跳若擊騍鼓。我只能吃力地，將字句摻隨旋律，自口中擠出，當思緒昏茫時，調不成調。③焦慮似狂潮，我在其中飄蕩捲移，幾至滅頂。（158字）

44 論述不夠有力

原文

題目／永恆　段落／第二段　學校／新莊高中　作者／陳韋名

永恆是不論世界變化，都存在不變，自古以來人們便追求永恆，其中最爲著名的莫過於秦始皇了，他派大量的人去找長生不老藥，只爲了追求永恆的生命，而我也追求永恆，但不是生命永恆，而是名聲的永恆。（92字）

解釋

作者與秦始皇要兩相對照，卻沒點出兩者差異之處，造成了論述不夠有力。

改寫

不論世間變遷，永恆萬古不移，故而使人趨之若鶩，彷若昔日秦王。他派遣密使尋藥，只爲了追求永恆的存在，但荒淫空洞的生命再怎麼恆久，又有何意義？因此我雖也追求永恆，卻是名聲的永恆，它的存在能立下典範，它的影響能使世界美善。（107字）

45 不要有偏激言論

原文

題目／我理想中的教育環境　段落／第三、四段　學校／新莊高中　作者／陳丕為

像現在社會上大學生氾濫，因爲就是我們一直覺得只要大學畢業就一定有工作，我認爲要改變我們的教育環境，就要先從消滅那些老古板的家長們，並且讓孩子去做他們喜歡的事，然後照這樣去發展，我相信上學對他們來說就是一個更開心的學習環境了。

現在我們學生仍是爲了考試而讀書，不過我相信再輪個幾代，等那些原始人都死光後，我們臺灣的教育就會開始趨近完美了。（167字）

解釋

偏激言論、謾罵言詞絕對不可出現在正式的文章中。應用比較和緩的說法取代之。

改寫

唯有讀書高的舊有觀念，造成臺灣社會大學生極其氾濫的亂象。我認爲要改變這樣的教育氛圍，必先改造固守陋習的家長觀念，讓他們相信生命終會找到出路，每個人都有屬於自己的獨特舞臺，順性導引孩子的未來，學校便會變成他們探索世界、與社會互動的樂園。

觀念的改變，實屬不易，教育改革雖已倡導數年，學生仍舊難逃與書卷爲伍的宿命。或許我們得該多些耐心，待得新生代掌握主導權後，或許會有更開放的思維，更驚人的教育突圍。（197字）

46 多點解釋，讓讀者更能理解你的想法(一)

原文

題目／我可以終身奉行的一個字　段落／第一段　學校／新莊高中　作者／葉湘晴

張曼娟說：「因爲想愛，我們謙卑；因爲被愛，我們感恩，習得了愛，我們變成更好的人。」如果有一個字可以讓我終生奉行的話，我想大概就是「愛」了吧！（70字）

解釋

爲什麼你想奉行「愛」這個字呢？若有解釋，是否能讓人更瞭解你的目的？

改寫

張曼娟說：「因爲想愛，我們謙卑；因爲被愛，我們感恩，習得了愛，我們變成更好的人。」如果有一個字可以讓我終生奉行的話，我想大概就是「愛」了吧！它能讓我的生命感到豐盈，用柔軟的心靈去理解人世的艱難險釁。（99字）

47 多點解釋，讓讀者更能理解你的想法(二)

可參看《作文課後》CH2〈03 首段過短〉。

原文

題目／寬與深　段落／第一段　學校／新莊高中　作者／林昱學

寬，讓人生更精采；深，讓人生更順遂。（18字）

解釋

有點馬虎，並無解釋：爲何精采？爲何順遂？

改寫

寬，讓人生更精采；深，讓人生更順遂。不自我設限，不故步自封，壯遊天下，遊藝百事，廣拓視野，寬懷逸志，自然精采紛呈；不因循怠惰，不淺薄馬虎，專心致志，鑽研己長，精益求精，深蘊德智，是故順遂無波。寬深並濟，方能提煉出人生的價值。（121字）

48 類似詞彙，敘述時應統整一起

原文

題目／一處好地方　段落／第二段　學校／新莊高中　作者／錢耀崴

最令我印象深刻的好地方，是在美國的一處海灘，那是大概十幾年前的時候，跟著父親去美國，當時有段日子是住在海灘上的木屋，每天都可以在潔白的沙灘上散步、玩耍。在接近正午時，走到木屋的陽臺上，可以看見許多海鷗聚集在陽臺下，此時我們常撕一些土司來餵牠們。當時的時光眞的很美好，只可惜現在再去美國卻沒辦法回那處好地方，因爲在我們回國後沒多久，一次的海嘯把沙灘沖得一乾二淨，沙灘上的木屋全沒了，對於那處好地方只能在腦中回憶了。（206字）

解釋

文中的「美國的一處海灘」、「跟著父親去美國」、「海灘上的木屋」，有贅累之嫌，應可適度統整。

改寫

最令我印象深刻的地方，是美國某處的白沙海灘，十多年前隨父親前往，便落腳於此。我們的住所，是一座濱洋木屋，鷗鳥常臨，啄食我拋灑出去的土司碎屑，我一邊餵食，一邊欣賞牠們潔白勝雪的羽衣。更遠的海潮聲，起落有韻，只覺歲月悠然，陽光遲遲。回國後，聽到了海灘被嘯浪噬吞的消息，內心一緊，彷彿有一些珍貴的物事，就這麼逝去了。（155字）

原文

49 寫出材料的層次，勿要重複穿插

題目／我與別人大不同　段落／第二、三段　學校／新莊高中　作者／纪景云

從小到大，在我的家庭裡的家人對我抱著許多的期待，因爲鬼靈精怪的我，是家裡最聰明的孩子，比起哥哥姊姊們，家中的長輩對我的要求總是比較高；我喜歡觀察周遭的人事物，隨著年齡的增長以及日積月累的經驗，我的觀察力日趨敏銳，比起許多同儕，我總是較常注意到大家沒發現的事。朋友對於我來説是不可或缺的，那些被我認定爲朋友的人，我總能義無反顧地幫助他、關懷他，因爲比起多數人，我更珍視朋友。

憑藉著父母賜給我的聰明的腦袋，讓我克服了許多的難關，也讓我在許多活動想出了別人所想不到的好方法，因此朋友遇到問題時總會來參考一下我的想法；而解決問題可不只是靠頭腦，倚著過人的敏銳洞察力，更是令我無往不利的不二法門；我自幼身邊總是很多朋友，因爲我的大方，讓我不管到了什麼環境，也都能很會結交到好朋友。（335字）

解釋

1. 一段一主旨，是文章寫作要注意的部分。
2. 以原文來說，讀來有些混亂，「自我特質」會在前後兩段重複敘述。
(1) 第二段：闡述自己不同的特質（聰明、觀察、交友）。
(2) 第三段：闡述自己不同的特質（聰明、觀察、交友）所帶來的效果與影響。
3. 建議改成：
(1) 第二段：特質1（聰明）＋效果與影響1。
(2) 第三段：特質2（觀察）＋效果與影響2。
(3) 第四段：特質3（交友）＋效果與影響3。

改寫

自小，家人便對我投注極高的期待，因爲鬼靈精怪的我，是家裡最聰明的孩子，相較於兄姊的粗線條，父母習慣將事情託我辦理，而我也都不辱使命。這樣的頭腦，也讓我克服許多難關，籌辦活動發想創意，遭遇挫折謀思解方。

我也喜歡觀察周遭事物，隨著年齡漸增、經驗積累，我的我的觀察力日趨敏銳，總是較常注意到同儕所忽略的事。除了對生活的美好體會更切，也藉之洞察世事，掌握成功的契機。

看重友誼，也是我與眾不同的一點。環境不管如何遷變，我樂於締結新的友誼，願意義無反顧地爲之付出，兩肋插刀。其實，他們也帶給我安慰與快樂，教會了我分享和陪伴。（256字）

50 若材料龐雜，要以一貫之

原文

題目／發現　段落／第三段　學校／新莊高中　作者／李冠儀

一個星光閃爍的秋夜，我與母親在陽臺談天説笑、照顧庭中花草，那個當下我只感受到平靜、滿足，心中充塞著平淡卻踏實的喜樂。我發現，那晚的屋子多麼燦爛，那一陣秋風涼爽而不刺骨，身旁的母親笑得明朗而慈愛，眼前的花朵散著宜人的馨香，最令我驚喜的是，那株「新來的」咖啡樹早已茁壯、結果。原來，不知不覺三年已然流逝；原來，不只母親看著我從嬰兒變爲女孩，我也陪著幼苗成爲小樹；原來，長大這件事近在咫尺。五年前那一次的那麼多「發現」，至今日仍然歷歷在目，仍牽起我嘴角無數次微笑。（229字）

解釋

1. 原文中，發現了：屋子燦爛、秋風涼爽、母親慈愛、花朵馨香、咖啡樹茁壯、三年流逝、我變爲女孩、長大這件事近在咫尺。羅列事件，卻沒有一致的主旨。
2. 改寫的重點，擺在「發現了成長這回事」。

改寫

某個星光閃爍的秋晚，我與母親於陽臺種花蒔草，涼風徐來，花香逸散，葉木輕輕地抖顫。母親指著一株榕樹盆景，說這是生我那年種下的。在這十八個春秋裡，我與它屋內屋外，各自競長著，今日我正當青春，它也煥發樸拙古意。而這一切，母親說她都看在眼裡。我才赫然發現，成長這件事，看似漫長難耐，在回首的剎那，卻又短若一瞬。只是在這似長實短的流光中，母親似乎也做了些交換，尤當我看著她的鬢邊銀絲時，上頭隱隱閃著月亮的寒光。（200字）

51 副材料略寫，主材料詳寫

可參看《作文課後》CH5〈06 文章重點是什麼？——重點段落，占全文的比例要適當，以避免偏題〉。

原文

題目／贏球之後　段落／全　學校／新莊高中　作者／紀景云

「唰」一聲，再奮力突破三個人的防守，一個巧妙的拉桿上籃，球便應聲入網，哨聲響起，隨之而來歡呼聲，告別了場上緊張而凝重的氣氛，爲比賽畫上了休止符。

「這是一場非贏不可的比賽，成王敗寇，贏了，你們將是獨霸天下的冠軍。」比賽前幾天，教練不停地提醒，大家也都繃緊神經練球，絲毫沒有偷懶。終於到了比賽當天，踏進了心中夢想的殿堂，興奮之情溢於言表，全身不停顫抖，一則是難掩心中滿腔熱血，一則是受比賽氛圍的影響，不免有些緊張。教練在賽前仍不忘叮嚀我們不可輕敵，一瞬間的大意，都將有可能招致失敗。時間悄悄流逝，第四節最後十秒，球從場外發進，快速推進到了前場，時間只剩五秒，這時球回到了我手中，一個假動作騙倒對手，接著順勢直搗黃龍，殺進了敵人的心臟地帶。（317字）

球場上震耳欲聾的歡呼聲，將我從比賽嚴肅的回憶拉出來，贏了！多麼眞實的感覺，此時此刻是如此的光榮，一切的努力都值得了。頒獎典禮上，我高舉著冠軍獎盃，享受著這一刻，屬於我的勝利果實，甜美的句點。

在贏球之後，我體認到了團隊合作的眞諦，若沒有這些隊友，也就不會有現在的我。（132字）

解釋

1. 題目爲〈贏球之後〉，重點可能就應擺在「贏球之後」的感想、思索、體悟、反省。但此文相對來說，「贏球之前」的打球過程，卻占了大部分。
2. 就「贏球之後」而言，應可涉及合作、勇氣、不放棄、運動家風度、訓練等概念。
3. 文末提到「我體認到了團隊合作的眞諦」，但前文敘述並無針對「合作」來描寫情節。
4. 文末提到「若沒有這些隊友，也就不會有現在的我」，但前文沒提到「之前的我」又何來「現在的我」？

改寫

「唰」一聲，我飛身突破敵方的三人防守，一個巧妙的拉桿上籃，球便應聲入網。哨聲響起，身後的觀眾席傳來歡呼聲，終結了場上緊張而凝重的氣氛。當眾人心情亢奮至極，教練告誡我們，贏球之後，才是考驗的開始。

是呀，登臨絕頂之後，你必須持續不斷習練球技，才能讓名聲續存，更多人對你寄予厚望。你開始不敢原地踏步，責求自己凌雲飛天，原本打球的快樂變成龐鉅的責任。另外，高處不勝寒，眾人密切關注你的舉動，動輒得咎，惡意的謾罵與批評，因爲你的榮寵而遽增，心靈累累傷痕。

在贏球之後，護持隊上的團隊默契更顯重要。有比賽就有表現，有表現就難免比較，藝業驚人者被討論關注，失誤平凡者便黯然失色。實際賽場上，隊友相互爲助，截短補長：籃下禁區，身高優勢者負責防守；抄球與快傳則是速度敏捷者的強項；精於射籃者，專司搶分，三者缺一不可。寵者不驕，弱者不餒，將比賽的輸贏當作是每一隊員無可寬貸的責任。

贏球之後，檢討與規劃是不可忽略的工作，那是球隊永續經營的要件，不可因爲賽事的輸贏而敷衍。勝場或有導致情勢逆轉的嚴重失誤，敗場亦有可圈可點的表現。

頒獎的樂聲響起，將我從沉思中拉回現實，我高舉著冠軍獎盃，享受著如雷的掌聲，但我卻大喊：「這是屬於全隊的榮耀！」贏球之後，絕不是奮鬥的終點，而是另外一場艱辛旅程的開端。（532字）

52 多寫、多利用自己最有感覺的物事

可參看 CH2〈16 反覆用熟悉的材料入文，更能遊刃有餘地使用〉。

原文

題目／永恆　段落／第二段　學校／新莊高中　作者／林建利

生活周遭裡，不論是事情的始末或是偌大的環境之中，我總喜歡找出那麼一些特別又不爲眾人注目的焦點：「回家的路上也可以披著一抹夕陽而不是全然的疲憊」又或者是：「學生今天上學到校的時間似乎晚了些，但他其實只是途中因幫了爲老人而稍稍遲了些」，或許生活中眞的有著各種我們不知道的事物，但當我們瞭解之後如果被心給記住就像文人汲汲營營的往往是名而非官位。（169字）

解釋

1. 原文僅有前兩行文意正確，後頭的敘述夾雜不清，句意模糊。
2. 冒號、引號的使用亦有誤，應刪去。
3. 該段的重點在前兩行，應爲「一花一世界」的感悟。作者恰好喜歡攝影，恰可入文，作者應用攝影來詮釋該段的理念，才能讓文字飽含眞實情感。

改寫

我喜愛在隨意行走的日子裡，用鏡頭捕捉天地之間的剎那美景，物事生滅的乍現靈光。像是夕陽墜足前的壯烈紅艷、蜘蛛織絲的銀閃密網、海潮漲退之間的潔白碎沫，都能帶來十足的心靈震顫，人情事理亦畢現其中。這些畫面太多人習焉不察，使感官鈍化，失卻了生活的意義。我慶幸自己，能在當下親炙勃勃生機，於事後憑藉相片回味追憶，將短暫巧渡為永恆了。（161字）

53 寫作不可任性而為，要自問，別人能看懂嗎？

原文

題目／我理想中的教育環境　段落／第三段　學校／新莊高中　作者／陳建霖

而我總幻想著，一片亮白的教室，不是因為那油漆刷得多麼厚，而是那自由之光所撒出的教育之地。那麼何謂自由之光呢？我想，就是那不趕鴨上架而用人與人之間的影響力所閃爍出的「未來」，一個驅使青少年們能各依其志而展翅上騰的「未來」。……（110字）

解釋

1. 讀畢原文，會發現色字難以卒讀。
2. 作者或許認為此部分寫得極美，很有感覺，但讀者完全無法理解其中涵義。
3. 若有此弊病者，建議可找同學討論，同樣的意涵，可以改成何種方式敘述，較易讓人理解。

改寫

我總幻想著，學校裡的教室能煥發出一種瑩白的亮光，孩子能在這樣的輝芒下快樂學習，探求知識，不受師長逼迫，不求與人競逐。那是自由之光，每個孩子都能自主追尋想抵達的夢想；那也是未來之光，每個孩子都能在它的沐洗下，展翅上騰。（108字）

54 少數經驗要講清說明

可參看CH1〈22 專有名詞，有時可以直陳意涵〉。

原文

題目／我理想中的教育環境　段落／節錄第二段　學校／新莊高中　作者／陳冠宏

……所以我主張回到最原本的基測入學，但我並不喜歡樂學，因爲它太早放榜，很多學生都開始怠惰，而且在我看來大考試最公平的，其他的升學方式，都還是有它的弊端。（74字）

解釋

1. 原文中的「樂學」，應指高雄區的高中免試升學「樂學計畫」之名。說得過於簡略，外地人並不明其義。
2. 行文中，直接說「免試升學」即可，才能讓人一目了然。

改寫

……所以我主張採用基測，才能適度篩選學生，適才適所，莫有高度的優劣之差。現存的免試升學，弊端叢生：過早放榜致使怠惰，採在校成績令晚成的大器扼腕，紛雜的升學辦法讓人無所適從。是故，考試測驗壓力雖大，卻是公平而踏實的一種檢測標準。（111字）

55 對於材料的使用，無法切入重點

原文

題目／應變　段落／第二段　學校／新莊高中　作者／蔡欣庭

自幼，在每天訓練數學計算的訓育下，我鍛鍊出了不管面對多麼複雜的題目都能立即應對的能力，因此，求學的任何階段，數學都不是我的對手。但是，上了高中之後，與國中截然不同的解題方式，令我有些許的不適應；好險有穩固的數學基礎，在一段之後，我便能輕鬆掌握解題技巧，面臨各式各樣的問題都有辦法應變。（142字）

解釋

1. 原文除了口語之外，以應付考題作爲應變之例，似乎有些不合。
2. 且敘述應著重於當下決斷的想法，且此經驗帶給自己的收穫，但原文未提，且以一浮泛句子收尾。

改寫

在某次數學競試中，我憑藉著自己略優於同儕的運算能力，接連解開了數道難題，直到一道求圖形面積的難題，讓我沉吟許久。我嘗試用畢氏定理、三角幾何切入，原以爲豁然可解，卻總是功虧一簣。我靈機一動，所有的公式不是都由最基本的運算推衍而成的嗎？於是我拿起尺規，劃出了幾道直線，將圖形細細切割出三角、正方、扇形等區塊，用著國小粗淺的面積公式，終於破解了這難題的密碼。我才赫然領悟，有時我們遭遇人生瓶頸，純粹是因爲思慮過於繁複，若能適時循求其本，或許更有機會突破困境。（226字）

56 材料發展不深

原文

題目／發現　段落／第四段　學校／新莊高中　作者／莊翔宇

經歷了悲傷病痛，我發覺到平常不管自己去向的父母，總是會在需要的時候，犧牲自身的時間，照顧我，無私地付出，我才發現，家人是愛我的，是我在無助之時，最好的避風港。（79字）

解釋

該段段旨爲發現親情，但刻畫得不深入，難以引人共鳴。且最末感想已屬老梗，造成此段力道不強。

改寫

昔年因運動傷害，臥病月餘，全仰賴父母奔走照拂，才得以痊癒。那時，恰好因爲電玩問題與父親冷戰，兩人未交一語，但意外發生後，他卻是對我說最多話的那人，一直說：「會不會疼？不要怕？我們要回家了。」幼稚如我，總不解血緣之密疏、親情之厚薄，總覺得父母的教養，只是無情的限制與拘管，直到此事結束，我才明白，這些都是因爲愛。（153字）

57 想呈現美感，就刪去負面詞句

原文

題目／發現　段落／第三段　學校／新莊高中　作者／黃乙峻

某次深山之旅，全家人意外尋得一間露天咖啡館，微朽的木屋佇立在蓊鬱森林中，座位上落著些許葉片，不是髒亂，卻是大自然最基本的秩序，一杯咖啡便能豐富一個優閒的午後，這裡是全家發現的祕密基地，稀少的遊客，給了此處仙境的風貌。我想發現的確幸莫過於此，獨特、自我，在嶄新的境地，放鬆自己、享受人生。（143字）

解釋

描寫美景的句子中，出現了幾個負面詞彙，如同白紙上多了墨痕，再怎樣看，也失卻了純白潔淨的感覺。

改寫

某回入訪深山，全家人意外尋得一間露天咖啡館，淨樸的木屋踞守在蓊鬱森林裡，不斷飄散烹煮咖啡的香味。露天雅座隨意散陳，恣享微風與綠意，座位上落著些許葉片，各有姿態，彷彿出色的展品，揭示著大自然的輪迴之序。我們分別點了喜愛的咖啡，談笑了一個午後，此情此景，因爲人少，故而寧謐如仙境。我想發現的收穫，莫過於此，在一處嶄新的境地，放鬆心情、傾聽自己，享受人生。（175字）

58 敘事中，句意不斷重複

原文

題目／忍耐與等待　段落／第三段　學校／新莊高中　作者／陳湘卉

從小，父母便教我如何泡茶，教我如何忍耐①剛泡茶時，茶葉所散發的那股濃香，而不至於喝到②尚未入味的茶。更教導了我如何③等待茶完全入味的過程，而不至於在其尚未完全達到最佳狀態時倉促入口。雖然①剛泡茶時，茶葉的香味很濃，但②茶的本身卻是平淡無味；雖然③茶葉入味需要一段時間，但仔細觀察其顏色，便可知其端倪，當顏色由淺變濃，便表示其味已成熟，而等待為的正是此目的，待其完美入味，便可細細品嚐其中的苦澀香醇，享受而後回甘的滋味。（203字）

解釋

1. 原文中，所標示的三組句子，皆同義重複。①為茶香，②為茶味③為入味過程。
2. 雖然前一部分為「父母教導的過程」，後一部分為「自己實際操作的過程」，但也不應重複敘述。

改寫

從小父母便教我如何泡茶，教我如何忍耐①茶湯初發的濃香，而不至於喝到②尚未入味的茶湯。更教導了我如何③靜候茶葉由蜷曲到舒展，轉世爲一盅佳茗的過程。我尤其喜歡觀察琥珀茶色的變化，由淺淡而濃郁，代表茶精已完全釋放於沸湯裡。原來，這小小的等待，便爲了成就此間的香醇回甘。（129字）

59 敘事不要粗俗無文

原文

題目／我的房間　段落／節錄第二段　學校／新莊高中　作者／陳丞為

……有一間廁所，採光很明亮，看起來乾乾淨淨，我時常會拿一本書到裡面邊看邊大便，常常看著看著，就忘記自己還在大便。漸漸地，就算我平時沒有要上廁所，我還是會跑到廁所看書。因爲，我發現，在廁所我反而更能專心看書，因爲四周都沒有其他雜物，能讓我更專注在書中的內容。不過有好幾次，我看得實在太入迷，當我回過神來，發現還半條米田共夾在我肛門晃啊晃的，怎麼樣也甩不掉，最後都是用水把它沖掉。（186字）

解釋

文字書寫要眞誠，取自生活經驗，但是，可以稍作取捨，不要寫出會令人不舒服的片段。如改寫處，以「身體少了負擔」簡略帶過即可。

改寫

房間裡有著一間明淨潔亮的廁所，陽光時常從窗邊透入，一點霉味與臭氛都沒有。因此，在如廁時，我總會帶上一本書在裡頭閱覽，除了打發時間，也讓自己沐洗在文字的薰陶中。也因此，走出廁所時，不但身體少了負擔，內在思想也煥然一新。（108字）

60 避免在文章中，呈現過度功利的意涵

原文

題目／為自己加值　段落／第二段　學校／新莊高中　作者／蕭宜珊

對我而言，外語能力便是我甘願付出時間與心力換取的儲值金。自小母親即極力培養我的外語能力，買了許多幼兒英語教學卡帶又將我送至雙語幼兒園接受外籍教師的課程，爲的是讓我從小習慣有英語薰陶的生活環境，才不致在邁向國際的起跑點有一絲落後。直到現在，我仍對英語持有高度的熱忱和對自我的信心，並且在語言學習上有進一步的野心。因爲我在成長過程中漸漸體悟到語言的重要性，許多有「錢景」的職務多半將據點設在國外，又多與國際事物有所關聯，如此一來，學習多國語言豈非一座通往成功的階梯嗎？（232字）

解釋

1. 第二段的部分，敘事略顯蕪雜。
2. 最末「錢景」的訴求，有追求功利之虞，試著換句委婉的話。

改寫

對我而言，外語能力便是我積極投資加值的標的。自小母親添購許多英文繪本讓我啃讀，並將我送至雙語幼兒園受其薰陶，為我啓蒙了母語之外的溝通能力。及長，我仍對英語抱持著高度的熱忱。我能夠翻看最新出版的英語小說，無須等待中文版本的轉譯；我熱愛出國旅行，並非爲了購物遊玩，而是想要磨利我的口語會話，當我結束一場異國的對談時，總能強烈感受到語言的魔力。從新聞媒體中，我也逐漸瞭解到就業市場的遷變，擁有外語能力，隨時都可脫出臺灣職場的困局，無論英法歐美、日韓新港，只要有適才試所的職位、可供揮灑的舞臺，甚至提出優渥的待遇，優秀的外語能力即能令你順利接軌，攀上成功的峰頂。（277字）

61 氣勢前弱後強者，刪弱留強

原文

題目／發現自己的不完美　段落／第一段　學校／新莊高中　作者／何達昫

①從小到現在，翻遍許多歷史書籍，見識不少人物，遊歷多處地方，卻從來不曾聽過或看過完美無缺的人，或許那種萬能的角色只存在於小說或者神話中吧，②就算強如神話中的阿基里斯，命中腳踝上的那一箭仍舊致命，我們的意志或許堅定，但如果有外力從我們內心最脆弱的部分進入的話，仍會成爲慾望的奴隸。（137字）

解釋

①氣勢弱而②氣勢強，因此要把較差的部分縮短，整個段落才會變得精采。

改寫

①從小到大，從未聽聞世上存在著完美無缺的人物，②即使強如神話中的阿基里斯，命中腳踝上的那一箭仍舊致命。我們的意志或許堅定，但若有外力直擊內心最脆弱的部分，我們仍不免成爲慾望的奴隸。（88字）

62 敘事不要流水帳

原文

題目／淚笑三年　段落／第三段　作者／陽明國中學生

到了三年級，最讓人不能忘記的就是去畢業旅行，我們去北部玩，在這趟旅途中，我們一起玩耍，我們有到遊樂園去玩，和同學們玩驚險刺激的遊樂設施，一起去看各式各樣的動物，晚上住宿時，一起玩牌一起唱歌，整趟旅程中充滿言語不能形容的快樂。（112字）

解釋

1. 沒有經過分析選擇，枯燥無味的敘述或記載，稱之爲流水帳。也就是說你文章所述，是「每個人的共同經驗」，或是「即使沒此經歷，也寫得出來的情節」。
2. 戒掉此弊病，只寫「我個人的獨特感懷及見聞」。如改寫的色字。

改寫

到了三年級，北臺灣的畢業之旅，最讓人難以忘懷。在這趟旅途中，我們到遊樂園一起玩耍嬉鬧，晚上住宿時，一起玩牌一起唱歌，整趟旅程中充滿言語不能形容的快樂。也因爲這一次的旅行，我重新認識了阿慶，一個原本陌生的朋友。在閒聊之餘，才赫然發現我們有著共同的嗜好。他問我說：「這算是相見恨晚嗎？」我笑而不答。（147字）

63 時間錯置

原文

題目／永遠的身影　段落／全　學校／新莊高中　作者／黃義淳

記得國小四、五年級，曾利用寒暑假上臺中學棋。一個人生地不熟的環境，誰能不緊繃神經？經過第一天上午的折磨，下午出現了一位大家都稱他叫作「賴老」的中學棋王，他改變了我的臺中生活。

賴老當時是個大學生，老師就請他引領我熟悉環境，吃飯、上課、睡覺……我都像跟屁蟲似地跟著他。回憶起每次坐計程車，賴老和我總是擠在駕駛旁的座位，且剛好不多也不少，一張椅子就塞下兩人的屁股！當我累了想睡，就靠在他的肩上睡，厚實的肩就和枕頭一樣舒服。所以即使已是國中，我還是厚臉皮地在他肩上安然入睡。

賴老有時候也會和我切磋棋藝，那段時間我能進步大概都是託他的福。有時候看到他讀經濟系的書，我都會問他一些奇怪的符號，賴老也都不厭其煩地解釋，這也促使我對經濟系產生了興趣。每當賴老教我一些東西，我就以搥背報答，賴老就像我的哥哥。

短暫一個月的時間就讓我們成爲忘年之交，每次要離開臺中，我總是懷著依依不捨的心情。如今，雖然已經斷了聯絡，陳年美事仍在我腦海一幕幕地放映著，那個壯碩的背影，永遠烙印在我心裡，沒有人能抹滅。（438字）

解釋

1. 原文最大的問題，便是時間的錯置。文章所述及的往事，時間點究竟爲何？
2. 另外，「寫人」的文章最重要的是要寫出「該人物對我的影響」。但原文所選取的材料，瑣碎平常，應將「賴老如何引導你棋藝進步」的過程詳述。
3. 文句多含混不清，遣詞用字須加強。

Note

Note

Note

國家圖書館出版品預行編目資料

作文課後（續篇）——不用補習，一樣寫出好作文／施翔程著. ——初版.——臺北市：五南, 2014.07
面； 公分
ISBN 978-957-11-7689-5（第2冊：平裝）
1.漢語教學 2.作文 3.寫作法 4.中等教育
524.313 103012235

1X4R 悅讀中文

作文課後（續篇）
不用補習，一樣寫出好作文

作　　者— 施翔程
發 行 人— 楊榮川
總 經 理— 楊士清
總 編 輯— 楊秀麗
副總編輯— 黃惠娟
責任編輯— 高雅婷
封面設計— 黃聖文
版式設計— 呂靜宜
出 版 者— 五南圖書出版股份有限公司
地　　址：106台北市大安區和平東路二段339號4樓
電　　話：(02)2705-5066　　傳　　真：(02)2706-6100
網　　址：http://www.wunan.com.tw
電子郵件：wunan@wunan.com.tw
劃撥帳號：01068953
戶　　名：五南圖書出版股份有限公司

法律顧問　林勝安律師事務所　林勝安律師

出版日期　2014年7月初版一刷
　　　　　2019年8月初版四刷
定　　價　新臺幣320元